河南、山西——华夏文明的核心发源地

原始社会骨器、陶器，商周青铜器，汉代画像石，南北朝的佛像，唐三彩，宋代瓷器……华夏文明的密码深藏期间

壮丽的石窟遗迹和寺庙建筑构成了博物馆外的另一重华彩

湖南、湖北——楚文化核心地带

浪漫、夸张又神秘

中原以龙为文化图腾，楚地以凤为精神象征

两种文化交相辉映，华夏文明龙飞凤舞

山东——孔孟之乡

从龙山文化的史前礼器到现存唯一一份状元卷、

衍圣公朝服、鲁王冠冕

彰显华夏衣冠，礼仪之邦的风度翩翩

博物馆里的中国历史

小竹片上的大思想

罗米 著

图书在版编目（CIP）数据

博物馆里的中国历史.小竹片上的大思想/罗米著.--北京：天天出版社，2020.10
ISBN 978-7-5016-1647-3

Ⅰ.①博… Ⅱ.①罗… Ⅲ.①博物馆—历史文物—中国—少儿读物 Ⅳ.①K87-49

中国版本图书馆CIP数据核字(2020)第179364号

从哪里来,到哪里去?

网上流传着一个段子,说北大校门口站岗的保安是最有思想的人,因为面对每个进校的人,他们都会追问三个问题:你是谁?你从哪里来?你到哪里去?

这其实也是我们人类孜孜以求数千年的终极问题!

回答北大保安的问题不用费力,但想找到这"终极三问"的答案却很难。

不过,当我们走进博物馆,大概会发现自己离答案近了一点。

初进博物馆,站在拙朴恢宏的陶器、青铜器面前,站在巧夺天工的玉器、瓷器面前,站在萧疏简淡的文人书画面前,我们首先感受到的是中华民族的想象力可以达到何等的广度,创造力可以达到何等的高度,思维可以达到何等的深度。国宝、文物、艺术品,它们多么令人震撼、令人敬畏!

如果你能放下这样的思想包袱,真正走近它们,与它们对话,你会发现它们比想象的要亲切得多。你看,七千年前的杯盘碗盏,它们的样式和我们今天使用的几乎一样,作用当然也基本相同;三千年前刻铸了主人名字的青铜礼器,与我们今天的"高级定制"何其相似;至于书法和绘画则更让人备感亲切,我们几乎人人都参加过相关的兴趣班,感受过一番笔墨涂抹的乐趣。如果你愿意寻找,还可以发现更多活泼有趣的古今共同点:史前的一只陶壶把上刻着两个点和一条上翘的弧线,这不正是今天电脑上的笑脸符号吗?汉代的百戏陶俑耸肩吐舌,活像表情包……

为什么历史会有这样神奇的重现?为什么我们接受它们毫不费力?

因为人同此心啊!

虽然我们与创造它们的祖先隔着千百年的光阴,但血脉相连,思想相通,文明薪火相传。在某一瞬间,我们会因为读懂了古人的心思而莞尔一笑;在某一瞬间,似乎我们体内沉淀的古老记忆被突然唤醒,以至于心跳加速、热血奔涌。

个人的情感体验,就在博物馆中不知不觉得到了丰富和升华,像有一种神秘的力量吸引着你去探索自己的内心,让你变得丰富而有趣,坚定而有力。

这种感觉,如此幸福,令人陶醉。

当然,如果你储备了更多历史文化知识,这种幸福感会来得更加强烈。

每件文物都是政治、经济、科技、文化、艺术在某个时间节点上的交汇与融合,它背后关联的是鲜活的人和具体的事,是绵延的时间和宏阔的空间。我们可以还原这些文物背后的历史场景,理解我们祖先的喜怒哀乐,明白他们一路走来的选择与艰辛,以及他们憧憬要去的地方。

其实，他们就是我们。

我们了解得越多，越能明白我们是谁；我们了解得越多，越能感受到来自文化深处的神秘力量，它让我们内心强大，无所畏惧。

再回到本文开头那个问题，我们是从哪里来的，要到哪里去？相信这一刻，也许你心中已有了答案。

经常出入博物馆，三千里江山在眼前铺陈，五千年文化在心头奔流，耳濡目染与潜移默化中，自然胸怀博大、格局宽广、眼界高远。这样的人，往往内心坚韧、步履从容，所行之路，无论平坦坎坷，必定有星辰大海相伴。

拥有如此灿烂的文明是一个民族何等的幸事，能亲近这些文化遗产，又是何等美好的体验啊！齐白石老人曾说"万物过眼皆为我有"，所以，只需要进入博物馆，去看见，去体验，你便能轻松拥有这一切，世界上还有什么样的财富能比得上这些遗产的万分之一呢？

在写下这套书之前，我就无数次感受过这样的幸福，拥有了数不尽的财富，因为我走过大大小小数百家博物馆，与无数艺术珍品相遇。现在，我想通过这套书，把这些幸福和财富与你分享。

这套书涵盖了中国大部分省份的重要博物馆，介绍每个馆内独具代表性的文物，透过它们，我们可以看到各个地域的独特风情，如中原的庄严、楚地的浪漫、江南的灵秀、大漠的苍凉、岭南的活泼、草原的粗犷……这些文物往往也能代表一个时代生产力发展的极致水平。

在分册安排上，除故宫单列一册，其他省份按地域划片，分为五册。由于文物数量太多，对要介绍的文物实在是很费了一番取舍，基本原则就是尽可能多地覆盖时代、地域、门类、创作者和博物馆，尽可能选择我们更熟悉的文物，尽可能将具有代表性的重点文物讲透，以便读者能从一件文物上了解一类文物，了解当时的历史文化。

这套书是一个引子,引发你的好奇心,让你产生亲眼一见这些历史文物的冲动,并能为你提供一些知识辅助,让你的参观过程更加丰富有趣、收获满满。某一天,当你走进博物馆,与这些作品真正面对面时,你会怦然心动,产生一种久别重逢的熟悉感,那便是我最期待的事。

2020 年 4 月于北京西山

目录

原始社会	贾湖骨笛	001
原始社会	黑陶杯	007
夏	嵌绿松石兽面铜牌饰	014
商	妇好墓	023
春秋	晋侯鸟尊	037
西周	玉柄铁剑	051
春秋	云纹铜禁	056
春秋	越王勾践剑	063
战国	郭店楚简	074
战国	虎座鸟架鼓	081
战国	曾侯乙编钟	097
战国	蜻蜓眼玻璃珠	110
汉	四神云气图	117
汉	马王堆汉墓帛画	124

汉	武梁祠画像石	141
汉	熹平石经	154
北魏	云冈石窟	164
隋	虞弘墓石棺	175
唐	龙门石窟	183
唐	长沙窑执壶	195
元	朝元图	207
明	状元卷	221
明	衍圣公朝服	229

原始社会

贾湖骨笛

最古老的乐器,一声传响万年

作为礼乐之邦，中国的乐器发展成熟的时间极早。传说伏羲发明了琴瑟，女娲发明了笙簧，在上古神话中，管弦就都已经完备了。

不过这毕竟是神话，现实当中我们的先民最早发明的乐器，是埙、铃、鼓、笛这些简单的乐器。

其中，历史最悠久，并且有出土实物的乐器，是用特殊材料制成的笛子——骨笛。

骨笛由丹顶鹤的尺骨制成。尺骨就是鸟类的翅膀中部最硬最长的那一根骨头。这些骨笛出土于河南省漯河市舞阳县新石器时代的贾湖遗址，所以称为贾湖骨笛。

贾湖骨笛的遗存很丰富，一共发现有二十多支，年代最早的距今大约七千八百年至九千年，也是目前世界上发现的最早的实物吹奏乐器。

这些骨笛的管身长 20 多厘米，外形比起现代的笛子小巧不少，但演奏性能却并不逊色。

这些骨笛上的孔有五至八个不等，多数是七个孔。据测音，它们能毫无压力地表现出七声音阶。

从出土的骨笛上可以看到，有些骨笛上有刻画的等

贾湖骨笛
新石器时代
河南省博物馆

分记号,充分证明了在制作之前,古人曾经经过仔细的度量和计算,个别笛子的主音孔旁还钻有小孔,这被认为是调音孔,可见当时的人对声律的掌握已经相当准确了。

口说无凭,乐器的性能究竟如何,还得一试才知。这正是贾湖骨笛的过人之处。

在地底长眠了几千年,再见天光的时候,当气息缓缓通过它的身体,它奏响的乐声仍然那样干净悠扬。现代音乐家使用此笛吹奏了五声调式音阶的曲子《小白菜》,这样的曲式对骨笛来说其实有点大材小用,但因为这种"骨灰"级别的乐器实在太珍贵,不得不小心翼翼。

现在,人们自然不敢贸然请它出山,只能把它妥妥当当地安置在博物馆,让人隔着玻璃去遥想近万年前的那一曲乐音。

对了,这些原始时期的骨笛其实是竖着吹的,也是后世洞箫一类乐器的"祖先"。

或许因为年代太远了,远到其他乐器都还远远没有成型,所以无人和鸣的它显得有点孤单。也正因为如此,它总是适合一个人演奏,适合在没有人的地方,隔着人群听。

你看,我们的古诗里,只要有笛声,调子里就总是带着一丝来自远古的苍凉。

谁家玉笛暗飞声,散入春风满洛城。此夜曲中闻折柳,何人不起故园情。①

一为迁客去长沙,西望长安不见家。黄鹤楼中吹玉笛,江城五月落梅花。②

---

① 李白《春夜洛城闻笛》
② 李白《黄鹤楼闻笛》

逸兴遄飞的李白，闻笛声也哀伤起来。

雪净胡天牧马还，月明羌笛戍楼间。借问梅花何处落，风吹一夜满关山。①

寒山吹笛唤春归，迁客相看泪满衣。洞庭一夜无穷雁，不待天明尽北飞。②

天山雪后海风寒，横笛遍吹《行路难》。碛里征人三十万，一时回首月中看。③

无论是高适还是李益，他们的笛声都吹响在塞外的横风中，尤其是在这寂寥的月夜，更让人闻之落泪。

还有：

吹笛秋山风月清，谁家巧作断肠声。④

---

① 高适《塞上听吹笛》
② 李益《春夜闻笛》
③ 李益《军北征》
④ 杜甫《吹笛》

座中有老沙场客，横笛休吹塞上声。①
一声玉笛向空尽，月满骊山宫漏长。②

一夜梅花笛里飞，冷沙晴槛月光辉。③
……

我们诗文里的笛声，几乎找不到欢快的。
还有我们最熟悉的那句：

羌笛何须怨杨柳，春风不度玉门关。④

你听，哪一句，不是苍凉感伤的悠长调子？
不过，这份悲悯与深刻却也是构成我们民族性格底色的重要一环。

---

① 张乔《塞边将》
② 张祐《华清宫四首》
③ 张祐《塞上闻笛》
④ 王之涣《凉州词》

原始社会

黑陶杯

四千年前的高脚杯

在物资匮乏、技术简陋的远古时代，泥土是人类最易得的材料，将其烧制为器也是最便捷、最实用的方法。所以，几乎所有的早期文明遗存当中，数量最多的就是陶器。

这些陶器的颜色和样子看上去都差不多。它们大都是黄褐色的，这是泥土烧结后的颜色；器型也以盆、碗、罐等为主，即便出自完全不同的地域和文化类型，这些陶器的器型也仍然高度一致，这倒不是因为这些远古的人类相互之间"抄袭"，而是因为这样的器具是最适合日常生活使用的造型，这些互相未曾谋面的远古人类在各自的生活中都发现、认识到了这一点，所以也就"不约而同"地将这些陶器做成了相似的形状。不同地域和文化类型出土的陶器最明显的区别，主要在于纹饰。

不过，虽然这些陶器很实用，有些还算得上相当美观，但它们的地位始终不高，即使是在原始时代，它们也始终不登大雅之堂，无法成为礼器。

不过，有一种陶器格外特别，那就是黑陶。

这是大约四千年前新石器时代晚期的一种特殊的陶

黑陶杯 | 009

黑陶杯
新石器时代
山东省博物馆

器，是以山东半岛为核心的龙山文化的"特产"。这种黑陶器物算得上是我们原始时代制陶艺术的巅峰之作，因为它不仅器型美观，技术含量还相当高。

黑陶与其他原始陶器的区别实在是太明显了。

首先是颜色上，黑陶通体乌黑，周身泛着微光，自有一股高贵内敛的气质。

其次，黑陶的器型也很特别，没有普通陶盆陶罐敦实粗笨的样子，而以各式各样的杯子为主，甚至大部分是"头重脚轻"造型的高足杯，这种一碰即倒的造型显然并不适合日常生活之用。

最后，也是最关键的一点，黑陶杯的制作极为考究，轻、薄是它最大的特点。这种黑陶杯最薄处只有0.2毫米，最厚处也不过1～2毫米，所以也被称为"蛋壳陶"。

由于薄，它们的重量也极轻，一只高20厘米的杯子，常常只有50克重，差不多也就是一个鸡蛋的重量，比现在的高足杯都要轻得多。

在原始社会的生产条件下，能达到这样的水准已经够难的了，但制作者还要使出浑身解数，让它更美。

黑陶杯 | 011

黑陶杯
新石器时代
潍坊市博物馆

他们在器壁上镂雕刻画出方格、菱形、水波、三角等几何纹样，繁复精美，甚至让人不知从哪里赞叹起才好。要知道，即使是在二十一世纪的今天，工具和技术如此成熟，想要进行这样的加工仍然并非易事，稍稍用力不当，这些薄如蛋壳的杯子便会粉身碎骨。

所以，这些黑陶杯，确实是当时顶级的"奢侈品"。

还不只奢侈品这么简单。

这些黑陶杯出土数量极少，而且从出土时的位置来看，它们大多被放在墓主人头部、脚部或者身侧，不与其他随葬的陶器混在一起，可见地位格外特殊，应该是被作为礼器了。

现在存世的黑陶杯数量很少，除了因为年代久远，还因为它本身的制作工艺极为复杂难成。

想要壁薄如壳，作为原料的黏土就必须尽可能纯净细腻，否则在烧制过程当中就会出现较大的收缩，难以成器。

这些黏土要经过无数次的淘洗、筛选、捣炼、沉淀等工序，然后方能使用。

接下来是拉坯制作的工序。龙山文化已经使用了快轮拉坯。快轮更易于陶器成型，但对技术的要求更高，足见龙山先民艺高胆大。

拉坯修坯结束后，再经过雕刻、磨光，就静置着等待阴干了。

一切齐备之后，它终于要入窑烧制，等待着在窑火里完成最后的蜕变。黑陶坯要从泥土原本的黄褐色变身华贵深沉的黑色，全靠这一次浴火重生。

这一道工序，称为"渗碳"。

当坯体入窑后，窑温升至850～900摄氏度。烧制一段时间后，窑工会封闭窑口，完全隔绝窑内空气，此时，窑内会产生浓重的黑烟，烟中的碳分子便渗进陶坯里。大约经历十小时的熏烧，才会有出窑亮相时，惊艳世人的那一抹黑亮如漆的光泽。

夏

嵌绿松石兽面铜牌饰

神秘又华丽的宝贝上到底是什么动物？

提起迈入奴隶制社会的第一个朝代夏代，总让人觉得它覆盖着厚厚的历史烟尘，有点不好捉摸。由于夏代并没有可考的文字信史，所以连断代都格外困难，甚至关于它是否真的存在过，学术界都曾有质疑的声音。

不过，在近六十年里，随着越来越多的夏代"奢侈品"出土，那个遥远神秘的王朝，也逐渐展露出令世人惊艳的真容来。

河南偃师二里头文化遗址，便被考证是夏代中晚期最核心的区域。河南是中华文明的核心发源地，所以出土的文物总能震惊世人，常常会被冠以"最早"的形容词。自距今五六千年的仰韶文化开始，这里就文化灿烂、宝物众多；到了夏代，地理条件优越的偃师二里头地区，也就顺理成章被夏朝选作王都。

二里头文化遗址总是不断爆出惊人的发现。规模最大的发现是夏代的宫殿建筑基址，其中一座宫殿的地基东西长108米，南北宽100米，很难想象在三千五百多年前，这样恢宏的规模耗费了多少劳力。更加可叹的是，类似规模的宫殿不止这一座，此外还有大量的平民住房、手工业作坊、纵横交通的道路

嵌绿松石兽面铜牌饰
夏
哈佛大学艺术博物馆

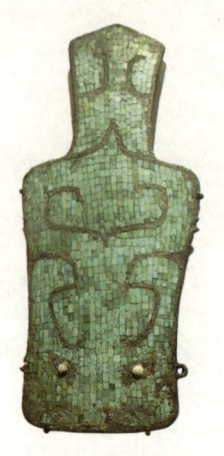

嵌绿松石玉匕
商
哈佛大学艺术博物馆

嵌绿松石钺
商
中国国家博物馆

网，甚至还在道路上发现了车辙，令人叹为观止。这些大型的"基建项目"体现的是夏朝的国力和科技水平，要想了解当时人们的审美能力和工艺水平，倒是要从小件着眼。

比如，闪着幽幽绿光的镶嵌绿松石铜牌饰。

这种铜牌饰在二里头遗址出土的物品当中格外抢眼。铜制的框架里密密地镶嵌着细碎的绿松石颗粒，这些小颗粒大体呈方形，厚不过 0.2 厘米，最大的颗粒长宽也不过 0.5 厘米。数百枚大小不一的小颗粒各自生光，即便过去了三千多年的时光，这些绿松石小颗粒仍然珠光宝气，亮丽无比，让人见之难忘。这种铜牌饰在二里头遗址一共发现了十余件，现在分散收藏在全世界多家博物馆里，都是当地的明星宝贝。

中国使用绿松石的历史很长，早在距今八九千年的贾湖遗址中就发现了绿松石制品。这种绿中泛蓝的宝石带着别样的温润典雅，一直备受古人喜爱；到了夏代，当宝石的切割、打磨、镶嵌技艺都有了长足的发展之后，这种可爱的宝石也就被运用到了极致。

恰好，二里头遗址所在的位置也为绿松石料的获取提供了有利的条件。据考古发现，位于河南和陕西交界处的洛南市有一处大约四千年前的绿松石采矿遗址，这里离二里头遗址并不太远，所以这处古矿也就被认为是二里头绿松石料的重要来源。

如此珍稀又美丽的宝石自然不能随随便便进行处理，它们一定要被设计成最独特的样式，由技艺最精巧的工匠来加工，以便最大限度地彰显它们的华彩。最后，所有的铜牌饰都设计成了类似的样子，看上去像是某种兽类的面部，准确地说，是一种难以辨识的神兽。

兽面的设计左右对称，想要明辨五官并不容易，但工匠只用几道弯曲的铜线进行了简单的勾勒，就突显出了兽面的一对大圆眼睛。

整个兽面牌饰都是由大小不等的方形绿松石片拼镶而成，但眼睛却是由两块半球形的松石镶嵌，"双眼"高高突起，体积也远大于其他饰片，汇聚了兽面全部的威严和灵气。

这种神秘的灵兽到底是什么呢？2002年，在二里头遗址出土了一件大型绿松石器物，为辨认牌饰上的动物提供了一条相当不错的线索。

嵌绿松石兽面铜牌饰
夏
洛阳博物馆

这件出土器物像是柄长长的如意，总长65厘米，2000多片绿松石片拼镶成幽蓝明亮的鳞片，细密地包裹着身体，一直延伸到卷曲的尾部。只凭这个外形，大家便能确认它是一条龙了。

龙的头部比较宽大，眼睛和鼻梁是龙头上最醒目的部位，由白玉制成，和绿松石拼镶的身体形成了很鲜明的色彩对比。龙头两侧有卷曲的弧线，大概是迎风飘动的龙须。龙的双目上各有一道短粗的弧线，既像是眉毛又像是小小的龙角，再加上圆圆的"蒜头鼻"，让它显出了别样的憨态。

由于有了这条龙"镇场"，便有学者底气十足地大胆猜测：二里头遗址出土的铜牌饰上的兽面，其实也是龙。

的确，它们有相同的材质，相同的色彩，还有类似的五官和神情，连在墓室中所摆放的位置也差不多。牌饰位于墓主人的胸部或腰部，而这条长龙则从肩部直至髋部，像是被墓主人揽在怀里。

当然，还有更加过硬的材料支撑这样的猜测。史书上曾经记载过，传说虞舜时期和夏代曾经养过龙，龙不仅能被驯养为坐骑，还会被人吃掉。而这些拥有绿松石龙形器或者牌饰的人，则是当时的"驯龙高手"，这些器物正是他们特殊身份的象征。与这些"龙"一同发现的铜铃，则被认为是用于驯龙的工具。真是想不到，神异无比的龙图腾，在上古时竟然像是宠物啊！

不过，这种解释终究没有成

绿松石龙形器
夏
中国社会科学院考古研究所

为定论。到了二里头文化晚期,牌饰上的兽面离龙的形象似乎是越来越远,反倒像是在预示着商代即将流行的一种狰狞的兽面——饕餮纹。

其实,二里头遗址出土的另外一种器物更具有预见性,这便是一只青铜爵。

单看这青铜爵外观纤瘦素简的样子,我们很难想象,在这只爵被制造出不久之后,竟然诞生了那些庄重雄浑的国之重器。更加庆幸的是,正因为这单薄的身影开启了先声,中华民族才听到了接下来的那个青铜时代轰然作响。

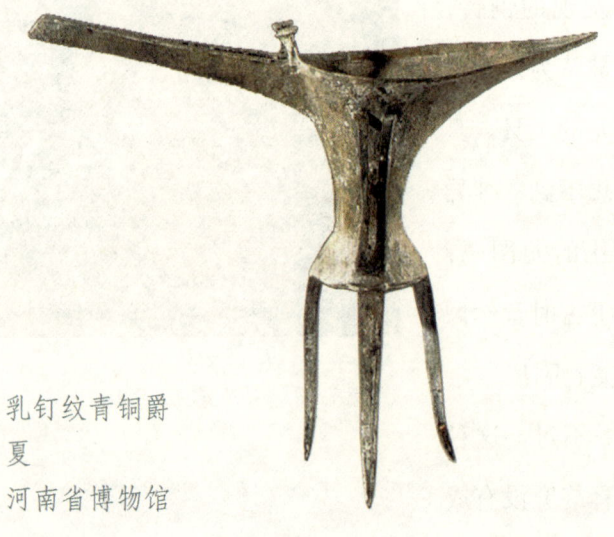

乳钉纹青铜爵
夏
河南省博物馆

商

妇好墓

一位女子的千古传奇

商代中期，也就是大约在公元前 1320 年前后，有一位名为盘庚的商王，把都城迁到了现在的河南安阳小屯村一带，从此商代的都城也就固定了下来，不像以前总是迁徙了。盘庚迁到的新地点在当时被称为殷，所以商代后来又叫殷商。

盘庚定都于殷之后商代又经历了十二位国王二百七十三年的统治，最后周武王在朝歌打败纣王的军队，商代灭亡。殷这里慢慢就由繁华的政治、经济、军事、文化中心变成了一片废墟，被岁月掩埋在了厚厚的黄土之下。

十九世纪末，小屯村的村民在耕作中常常能从地下挖出碎骨片，上面还刻着奇怪的符号，他们传闻这是可以治病的龙骨，于是被村民搜集卖给中药铺，后来被一位晚清学者考证出来这是"殷人刀笔文字"，也就是我们现在所说的"甲骨文"。一段被尘封了将近三千年的辉煌过往，才慢慢向世人展露了面容。

二十世纪初，大学者罗振玉、王国维等人多方研究考证，证实了这里就是盘庚迁殷的都城，也是史书所载的殷墟。

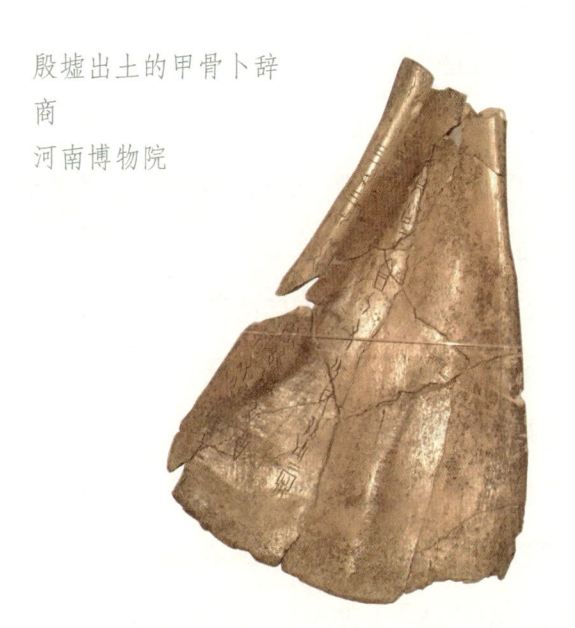

殷墟出土的甲骨卜辞
商
河南博物院

1929 年，殷墟的发掘工作正式开始，一直到现在，这里仍然有重要的考古大发现。

刚刚我们提到了甲骨文，这是中国最早的文字，它也为我们提供了最早的文字信史；还有我们最熟悉的那件青铜重器后母戊方鼎，也是殷墟出土的重宝。

不过，你大概想不到，殷墟出土的重要文物数以万计，而其中最完整、最精美的一座墓，也是唯一没有被盗掘过的墓，墓的主人却是一位女子，她也是商代甚至中国历史上最有传奇色彩的女子。

她名叫妇好，是商王武丁的妻子。

这位武丁是盘庚定都于殷之后的第四位君王，一共在位五十九年，期间励精图治，为商代带来了空前盛世，史称"武丁盛世"。

而妇好则称得上是站在盛世背后的女子。

据记载，武丁有六十余位妻子，妇好是其中之一，但她却是最特殊的一位。

商代极其崇尚鬼神和占卜，所以对于祭礼典仪便格外看重。妇好是一名大祭司，在国家的祭天、祭神、祭祖大礼中是最重要的角色。王国的命运、国事的吉凶，全有赖于她来感通天地，祈福迎祥。

站在高高的祭台上的那一刻，除了万民百姓，甚至连她的夫君国王武丁也得仰望着她的背影。

不仅如此，妇好还常年带兵征战四方，为武丁开疆拓土。不知她是位怎样的铁娘子，竟能在战场上身先士卒而且功勋卓著，她也因此赢得了武丁特别的尊重和封赏。殷商的地盘不断扩大，其中便有妇好打下的江山。

在殷墟出土的甲骨文里，便有妇好攻城略地的记载,她是历史上第一位有据可查的女英雄。在后来的历史里,总有人喜欢对所谓的"红颜祸水"大书特书,也不知是出于一种什么样的心态,大概人们是忘了最早在史籍上出现的女子,其实是这样一位沙场浴血的英雄形象。

可惜天不假年,也许是她真的太累了,这位王后、大祭司、大将军三十余岁便离世而去。

妇好的离世对于挚爱她的夫君武丁而言是个沉重的打击。他能为她做的,就是竭尽全力地给予她哀荣,为她修建了宏大的墓室,送给她丰厚隆重的陪葬品。正是这些陪葬品,才让现在的我们有机会一见她当年的荣耀,也一窥武丁当年的盛世了。

妇好墓的陪葬品中,最隆重的当数青铜器礼器,水器、食器、酒器一应俱全。精美程度也代表了商代青铜器的最高水平。

比如妇好青铜鸮尊。鸮就是猫头鹰。在古代,猫头鹰能在黑暗中击而必中的捕猎本领令古人无比叹服,加上它的形象又极为特别,还有在夜间闪着荧光的眼睛更是具有深不可测的神秘,所以古人对猫头鹰有一种特别的崇拜。原始时期出土的陶器上就已经出现了鸮的造型。

妇好墓青铜鸮尊的猫头鹰造型昂首挺胸，双耳高高翘起，两条腿和宽宽的尾羽形成了鼎立的三足，神情英武。它的脑后是尊的盖子，上面还塑有一只鸟儿，它的身后是一只龙样的小兽，又有趣又生动，让这位高高在上的传奇女性一下子变得亲切了许多。

不过，鸮尊周身密布鸟、兽、云、雷等纹饰，散发出一种奇异的神秘感，让人对它的主人肃然起敬，不敢造次。

这鸮尊是妇好墓出土的青铜器中造型最有趣的一件。

在它的腹内还铭有两个字——妇好。

不得不说，这才是真正的高级定制！

这样的高级定制妇好墓里还有许多。在出土的青铜礼器中，带有铭文的有190件，其中被铭以"妇好"的便有109件。这样的数量和规格，再难得有人能出其右了。

有些青铜器的铭文并不是"妇好"二字，而是"母辛"二字，其实这也同样是献给妇好的物品。

妇好墓 | 029

妇好鸮尊
商
河南博物院

妇好方尊
商
河南博物院

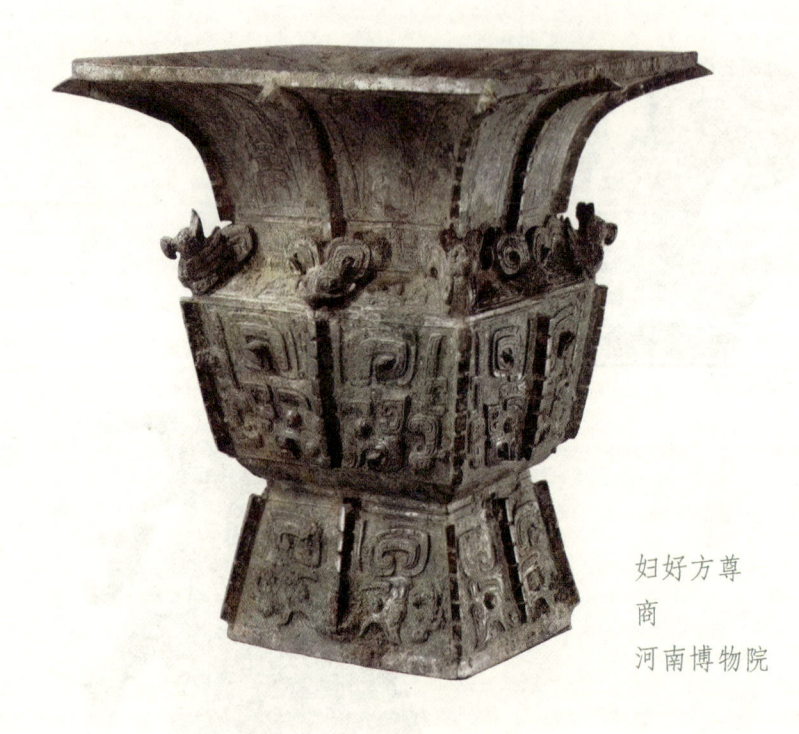

中国古代有个传统，帝王后妃死后，他们的牌位会进入宗庙享受供奉祭祀，于是便有一个庙号。妇好死后，她的庙号被定为"辛"，所以她儿子便尊她为"母辛"。

我们可以推断，铭文是"妇好"的，是她生前便在使用的物品；而铭文是"母辛"的，则一定是她亡故后为了纪念她而专门烧铸的。

妇好墓出土有一件司母辛方鼎,虽然体量比巨大的后母戊鼎小不少,但其庄严雄浑的气势却毫不逊色。

至于妇好方斝(jiǎ)的体量就大到超出常人想象了。斝与爵形状类似,都是三足的酒器,用来在祭祀时举酒祝祷。这件大斝却高近70厘米,几乎达到了斝的高度极限,气度真是豪放过人了。

还有一件青铜三联甗(yǎn),更是当时的顶级"炊具",这样的三联甗迄今为止也只出土过这么一件。

妇好青铜三联甗
商
国家博物馆

这样一位武功显赫的女将军,到了另一个世界也尽显她的威仪。妇好墓中出土了几件硕大的青铜钺,其中有一件是龙纹钺,一件虎纹钺,重达八九公斤。钺虽不是作战的兵器,却是军权至高无上的象征,一龙一虎用来衬托或者护佑这位"中华第一女将",确实威风无比!陪葬品中还有几件巨大的玉兵器,一件玉刀,一件玉戈,这些当然也不是用在战场上的实用器,但用来显示这位女统帅的权威,却再合适不过了。

妇好的陪葬品除了气势磅礴,造型设计上更称得上巧夺天工。妇好墓出土过三件嵌绿松石象牙杯,在工艺水准和珍稀程度上都堪称商代艺术品的极致。

象牙杯高30.5厘米,杯的一侧有一个与杯身等高的把手,形状是一条夔龙,把手和杯身都被挖刻出了饕餮纹、雷纹等纹饰,中间再镶填进绿松石,和微黄的象牙形成一种绝佳的配色,既清新明丽又典雅内敛。

随着这样一座举世罕见的墓葬发掘,妇好这样一位千古奇女子的传奇才被重新带到世人眼前。现在安阳的殷墟博物馆里,人们还想象了她的容颜,塑造了她的雕像。

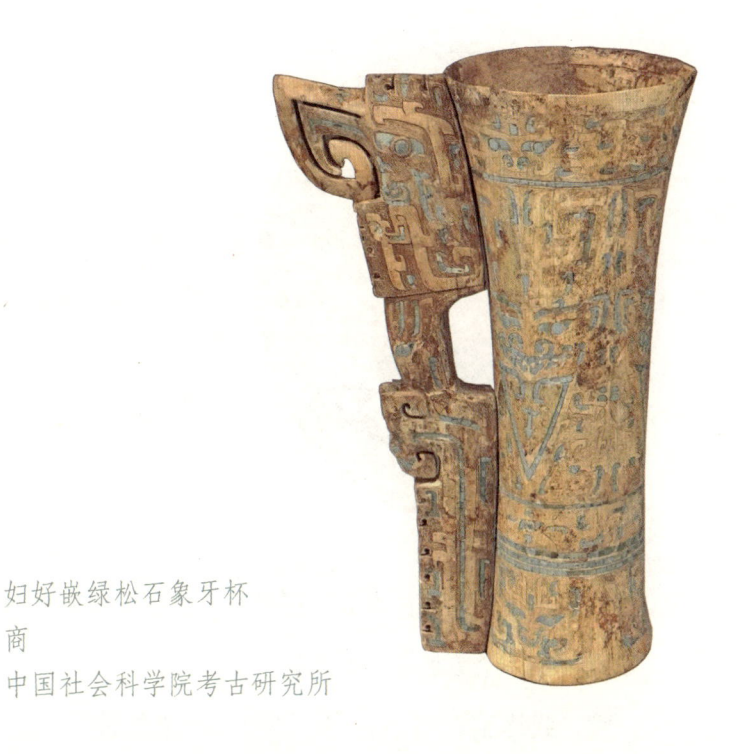

妇好嵌绿松石象牙杯
商
中国社会科学院考古研究所

　　人们惊叹于墓里数量庞大又样式新奇的青铜器、材质华美工艺精湛的象牙杯，以及那些明明白白记录了妇好一生辉煌功业的龟甲兽骨。

　　不过，你有没有发现，直到现在，我们看到的妇好都是一个形象那么高大、那么显赫的王后、祭司、将军，但别忘了，她最真实、最本质的身份，却是一位女子，一位年轻的女子。

妇好墓玉凤
商
中国国家博物馆

所以，我决定把目光放得更慢些，从更细碎琐屑的细节上寻找一个更加真实的妇好。

哦，我终于看到了它们。那是一些雕饰成各种动物形状的小型玉器。比起青铜、象牙这些硕大的宝物，显得太不起眼了，也不大容易被人注意到。

我要找的正是它们。

这是一只玉凤。玉凤头顶像是戴着宝冠，做翩然回首状，身体娇柔地弯成一段圆润的弧度，娉婷欲飞。凤的尾羽分作两束，显得特别蓬松飘逸，显示出百鸟之王的华彩。看到这玉凤，我不禁想象起妇好脱下戎

妇好墓玉龙、玉人
中国国家博物馆

装身披轻纱的样子，一定是轻盈动人的。

这玉凤，定然是她的心爱之物。玉凤的背上有两个细孔，应该是用于时常佩带的。妇好墓出土的玉器有755件之多，但玉凤，却仅此一例。

这个时候，我也就笃定地知道，原来妇好也是个烂漫娇俏的女子，只不过战事频繁，她只能绾起青丝，戴上头盔，把她小女子的心性掩盖在厚厚的铠甲之下。

只有凯旋的时候，她才顾得上"当窗理云鬓，对镜贴花黄"，待她细细梳妆出来，人们才记得她原来竟有这般贞静娴美的时候。只是这样柔软安闲的时光太少太少,少得她自己或许都要忘记了。

还好,武丁倒还没有忘,他一定记得她披帛佩凤的样子多么动人。所以,当她平静地永眠之时,他让这小小的玉凤陪伴着她,到另一个世界里,也能明艳照人。

和武丁一样,我也始终记得,纵然戎马倥偬,纵横一生,她最终,也还是一个女子。

我猜,她一定是个美丽的女子。

妇好墓出土的文物数量巨大,主要收藏在三个地方。当年的考古挖掘工作由中国社会科学院考古所主持,所以一部分文物留在了考古所里;中国国家博物馆里陈列了一些代表性的器物;还有一部分留在了河南博物院,比如青铜鸮尊,因为河南是妇好的老家。

春秋

晋侯鸟尊

博物馆里的动物世界

你知道吗？在许多博物馆里，其实都藏着一个热闹的"动物世界"，这些动物都来自几千年前，有些还是颇为灵异的"神物"。

哦，不用猜了，我说的正是动物形状的青铜器。山西博物院收藏的动物造型青铜器格外多。

这些青铜器大多是商周时期的作品，有飞禽，如鸟、鸮等；有走兽，如獏、兔、猪、牺；有传说中的神奇动物，如龙、凤；还有一些说不清到底是什么动物的，则被统一称为"兽"。

虽然这些动物形态各异，但它们有一个共同点，那就是大多是酒器，尤其是"尊"这种酒器。

我们都知道，青铜器作为祭祀祖先的重器，大致可以分为酒器、食器、水器、乐器、兵器等，其中酒器的地位相对是比较高的，而尊又是酒器当中地位比较高的器型，所以我们也才有了诸如尊贵、尊重、尊敬等词。

有意思的是，在古代，尊并不是越大越尊贵，而是根据造型区分地位高下，大略看上去，反而应该算是越小越贵重。不同造型的尊所代表的地位从高到低分别是：牺尊、象尊（包括鸟尊）、著尊、壶尊、大尊、山尊等。

古代用于祭祀的动物被称为"牺牲"，其中纯色的则称为"牺"，规格最高的牺牲是牛，所以牺尊大多会采用牛头的形状，两只角是最显著的特征。

有时候牺尊的造型比较写实，很接近牛的真实形态，大家也就直接称其为"牛尊"。有时候牺尊造型上融入其他动物形象的元素多一点，更有想象力一点，就不太好辨认了。

牺尊
春秋
上海博物馆

从汉晋时代开始，就已经有人开始疑惑"牺尊"到底是什么动物了，大家的说法并不一致，所以也没个确定的说法。日子越久也就越容易产生讹误，到现在大家也就干脆把头上长着两只角的不明身份的兽类，统统归为"牺尊"了。

大多数时候，牺尊身上都会布满龙、凤、蛇、龟等灵兽以及云雷纹等，以增添其神异。

牺尊之下就是鸟尊。

鸟尊的形态就相当明确了，绝不会让人混淆。所以，在山西博物院的"动物世界"当中，这座晋侯鸟尊是当之无愧的"百兽之王"。

这只鸟的"血统"确实很高贵，它出自西周第一代晋侯的墓葬。

第一代晋侯名为燮父，他的父亲叔虞是周武王的儿子，周成王的胞弟。放眼当时，全国没几个人能比晋侯的地位更尊贵了。

再说这个鸟尊的造型，也堪称无敌。

尊的总体外观是一只凤鸟做回头状，和它背上的尊盖上的小凤一唱一和，形成呼应之势。

晋侯鸟尊 | 041

晋侯鸟尊的尾部

（黄旭／FOTOE）

晋侯鸟尊
西周
山西博物院

（尹楠／FOTOE）

凤鸟在周代有特殊的含义。传说文王时期，岐山便常有凤凰聚集鸣叫，这是文王文治武功而招来的天降祥瑞，昭示着最后武王伐纣以周代商的大业得成，所以周代人对凤鸟也有着特别的崇敬。

晋侯作为皇室宗亲，他制作凤鸟造型的尊应该是用了"凤鸣岐山"的典故了。

这只凤鸟还有更特别、更有趣的细节。

它的尾巴向内卷着，仔细看就能发现，这其实是一只象鼻的造型。象鼻根部有极为明显的眼睛纹样，眼睛下面有一道长弧，像是浅浅地刻画出象牙的形状，而凤鸟向上翻腾的双翅恰似象的大耳朵。这样看上去，这座鸟尊的后半部分正是一头生动的大象。

凤和象都是吉祥的瑞兽，人们自然也是很乐意让它们"合体"的。

这件器物因为造型特别，加上地位崇高，所以成为晋侯大墓出土文物当中最引人注目的一件，现在也被山西博物院当成了"吉祥物"。

不过，我们现在看来体态尊贵舒展的晋侯鸟尊，其实一开始大家对它的尾部造型还有过一点困惑。

这件鸟尊所在的墓穴曾被盗墓者使用炸药进行过盗掘，所以鸟尊也因此遭了殃，虽然没被盗走，但出土之时它已残破严重，尤其是鸟尊尾部的象鼻一段缺失了，只留下最后一段尾巴尖。考古学家们根据象头部的曲线，推测象鼻更应该是向内卷的形态，也据此补上了这一段，让鸟尊呈现出完整的形态。后来事实证明专家们的推测是对的，但由于早先一直没有找到这一段缺失的象鼻，也就一直有人在质疑鸟尊的象鼻也可能是外翻的，因为尾巴外翻造型的青铜器也并不少见。

悬而未决的问题，只能等待缺失的那一段尾巴重见天日的时刻了。好在这一段尾巴并不是维纳斯的断臂，它竟然真被找到了。找到它的是北京大学考古系的师生们。

在当时发掘工作结束之后，北大师生对这些文物的整理和修复工作却没有结束，他们在研究过程当中发现了一些残片，又经过认真的分析比对，最后确定这些残片正是鸟尊失落的那一段尾部。

2018年5月，鸟尊作为尊贵的"嘉宾"参与了北京大学为庆祝建校一百二十周年所举办的展览，这才

赵卿鸟尊
春秋
山西博物院

（樊甲山 / FOTOE）

有机会让这段真正的尾部重新与鸟尊的"真身"合体。这下子，晋侯鸟尊从头到尾圆满了。

我们刚刚说过，还有些鸟尊造型的尾部是向外翻的，山西博物院恰好就有这么一件。

这是赵卿鸟尊。

不过，同样是鸟，两只鸟的地位也还是有高下之分的。

赵卿鸟尊是春秋时期的作品，比晋侯鸟尊的制作时间晚了几百年，尊的主人赵卿的地位比起晋侯来说也低了不少。关键是赵卿鸟尊上的这只鸟比起晋侯鸟尊那只祥瑞神异的凤鸟来，就显得平凡了许多。

这是一只鸷鸟，也就是鹰、雕、枭一类的猛禽，让人一看就不敢走太近，这还不算，鸟背上还趴着一只弓着背蓄势待发的老虎，更多了几分凌厉。比起凤和象的温和吉祥，这样凶猛的动物自然少了很多人气。

酒器的造型如果一眼就能让人认出是哪种动物，不免少了许多神秘感，显得普通多了，比如兔尊、猪尊，还有貘尊。不过，貘这种动物到汉代便已经在我国境内绝迹，现在只能找到它的近亲，就是马来貘。

貘尊

（尹楠/FOTOE）

龙形觥
商
山西博物院

还有不少其他造型的酒器，上面铸造的动物形象都各有风采。

龙形觥领衔一众兽类。

觥也是一种酒器，采用动物造型的特别多。动物形觥和尊的最大区别在于，觥的盖子是从兽首开始一直连到兽背上，兽的颈部则是觥的流部，这是便于倾倒酒水的造型。

觥里面也有一种"大杂烩"，叫作"兽形觥"，也就是那种杂糅了几种动物的形态，让人不知所以然的形状。不过，兽形觥也有一个显著特点，同样是兽的头上有两只明显的角。

山西博物馆里还有一件失去了提梁的卣（yǒu），

造型是两只猫头鹰背对背站着,所以被称为鸮卣。鸮就是猫头鹰,虽然也属于猛禽,但形态上可比赵卿鸟尊上的鸷鸟造型显得可爱温和多了。

要说造型最奇特的,当数一件鸟盖人足盉(hé)。这件小小的器物上集中了四种鸟兽,器盖是凤鸟,连接器盖与器身的链子则是熊,流部也就是盉嘴是龙的造型,盉鋬(pàn)也就是把子则是一只难以分辨的兽。最有匠心的设计则是这件盉的足部,是背对背的两个裸体小人背抬着盉身。看上去他们很吃力,双腿弯曲着,双手还支在膝盖上,想来背上的这些神异凶猛的鸟兽分量着实不轻。

看了这么多,都是天上飞的、地下跑的,还有一件

鸮卣
商
山西博物院

作品，便补上了水里游的。这是春秋时期的晋公铜盘，堪称一个小型的水上动物园。塘中心站着一只水鸟，宽扁的嘴巴看上去像是鸭子，它四周站着同样造型的四只水鸟，最外围则是鱼、青蛙和乌龟的造型，小巧生动。盘底则雕刻的是水底世界，正中间盘卷着两条龙，四周的空处还分布着浅浮雕的乌龟和青蛙。尤其有趣的是青蛙的形象，不同于盘内做蹲踞状的青蛙圆雕，"水底"的青蛙们都伸直着后腿，在水里自由自在地游动。这样充满童趣的作品，让我们不禁猜想古代晋国的地域上，人们或许都具有别样的童心和幽默感吧。

可惜我们不能触摸这些小动物，它们其实是"活动"的，每一个都可以做360度的转动，这是何等别出心裁的设计啊！严谨起见，我们一般不使用"最"字形容一件器物，不过这样精妙的作品，说它代表着我国春秋时期青铜器的最高工艺水平，应该是毫不为过的。

相对来说，动物造型的青铜器数量是极为稀少的，因为比起普通的器型，它的制作工艺要烦琐不少。

有人认为之所以把青铜器做成这样的动物造型，是

晋公铜盘
春秋
山西博物院

当时的贵族希望祖先能够享用这些动物。这种说法对于兔子、猪这类造型倒还说得过去，但对于各种神兽来说，就很说不通了。

与其说是让祖先享用，倒不如说是希求这些神物祛灾辟邪，既能安慰祖先的灵魂，又能为现世带来吉祥吧。

现在，除了晋侯鸟尊作为山西博物院的镇院之宝和标志被陈列在博物院以外，其他青铜器动物大多搬进了新家，住进了山西博物院新开设的分馆——山西青铜博物馆。山西青铜博物馆展出的青铜器物多达两千两百余件，其中约七百件来自近年公安机关追缴的文物，这是我国打击文物犯罪专项斗争的辉煌成果。

真希望这样的犯罪越少越好，如此珍贵的文物艺术品，让它们绽放在世人面前，向我们诉说着过去的故事，难道不比被极少数人掩藏在黑暗的角落里满足他们的贪欲要美好得多吗？

西周

玉柄铁剑

中华第一剑

宝物一向是自带光环的。我们在博物馆参观，即使有时候注意力不是太集中，但往往在路过宝物的时候，还是会不知不觉地受到一种莫名的吸引，停下脚步一细看，嗯，果然是件宝贝。

原因就在于这些宝贝要么材质珍稀珠光宝气，要么制作精美巧夺天工，要么体量宏大气势夺人，要么就是数量巨大排山倒海，总之让人无法忽视。

不过，凡事都有例外，比如河南博物院这件镇院之宝级别的玉柄铁剑，就让人大感意外。

不论从哪个方面来考量，它似乎都算不上什么宝贝。

玉柄是和田青玉，虽然温润细腻，但实在算不得稀罕。比它早几千年的良渚文化、红山文化当中，早已出土过大批令人惊艳的玉器，材质、雕工、尺寸样样都超过它。何况它下面还粘着一坨黑黢黢的"脏东西"，把玉都"污染"了。

不过，正是因为这一坨看不出所以然的东西，才让这块玉跟着"沾了光"，成为一件划时代的器物——玉柄铁剑。

这一坨东西，其实是一块铁锈，它里面包裹的是炼

玉柄铁剑
西周
河南博物院

渗碳钢，也就是这把铁剑的"真身"。说白了，就是工匠将炭涂在剑刃处，再经过长时间锻打和淬火，让铁剑的硬度和耐磨度都得到提高。

你可能会觉得，铁实在是太常见了，而且这剑上的铁还锈得一塌糊涂，怎么听、怎么看都不像是件宝贝。对于我们现代人来说可能是这样，但对于当时的生产力条件而言，铸造铁器却是跨越时代的伟大发明。

我们的先民最先冶炼的金属是铜，这才从原始社会的陶器时代进入到奴隶制社会的青铜器时代。铁的熔点比铜要高得多，当然对技术的要求就更高，所以铁器的出现就要晚得多了。

不过，当这种新型的金属产生之后，它很快就因为坚硬、耐用并且材料更易得而获得了压倒性优势，逐渐取代铜成为使用最广泛的金属，也把当时的社会生产力水平向前拉了一大步。

在这柄铁剑出土之前，我国所发现的铁器最早产生于春秋时期，而它的出世意味着中国人工冶铁的时间提前了将近两个世纪！

这才是玉柄铁剑成为至宝最重要的意义！

这柄铁剑出土于西周末年的虢国，也就是现在河南三门峡一带。这里的地理位置在当时作为周王室的西边屏障，军事实力相当强。从发现这柄铁剑的虢国国君墓葬来看，陪葬的车马坑规模巨大，战车多达四十六辆，战马达六十余匹。而从整个国君、贵族墓葬区来看，战车、战马更是多达数百。

这样一柄"高科技"的战斗武器出土于这个军事强国，也算是顺理成章了。

不过说来真是很惊险，二十世纪九十年代初期，这座大墓曾遭到盗掘，好在公安部门阻止及时，这座举世震惊的虢国国君墓才得以保全。这柄剑就在椁室的东南角，静静地陪伴着墓主人长眠了两千六百年。

很难想象如果真的落到盗墓贼手里，这柄改写历史的铁剑会是什么命运。因为正如我们文章开头所描述的那样，它既不好看，材质也算不上珍贵，尤其是那一团黑乎乎的锈铁，大概会被盗墓贼随手弃掷，如果这一切真的发生，我们的考古专家也就很难有机会去解读其中蕴藏的历史秘密了。

由于它是当之无愧的第一——现今中国境内发现的年代最古老的铁剑，大家便赞它为"中华第一剑"。

春秋

云纹铜禁

用神奇的方法铸出来的「怪东西」

在商周时期，青铜器的铸造使用的是一种名为"范铸"的方法。

工匠们先用泥巴制作一个与想要的青铜器一模一样的泥塑，待它彻底烘干变硬之后，就成为青铜器的泥模型。有了模型，工匠再用细泥制成的湿泥片紧紧包裹在模型外面，泥片上也就印上了泥塑上雕刻好的纹样，再把这些泥片取下来拼接起来、烘干，它们就形成了一个巨大的空心腔，这就被称为青铜器的"外范"。

随后，就需要再制作一件比外范小一些的"内芯"。有时候为了更方便，工匠们就把原先那个泥模型的外壁刮去一层，想要铸造多厚的青铜器，就刮多厚。最后，把青铜溶液灌进外范和内芯之间的空隙，冷却之后就形成了青铜器。

商周时期绝大部分青铜器都是用这种方法制成的，这种方法不仅适合铸造像后母戊鼎这样雄浑魁伟的大器，精巧如四羊方尊这样的器物使用范铸法也毫无压力。

但是，有一种类型的青铜器却会让范铸法束手无策，那就是错落层叠、通体镂空的器物，比如这件云纹铜禁。

禁是一种礼器，是贵族们在宴会上摆放酒器的几案。不过，铜禁这种器型在青铜器里并不多见，因为它也是一件专门用来"禁酒"的器物。由于周王认为商代因嗜酒亡国，所以为了吸取教训，便颁布了严格的禁酒令《酒诰》，王侯百姓胆敢违例饮酒都会被处以极刑。而这件摆酒的案桌被命名为"禁"，自然是为了时时提醒使用之人切莫违反禁令。

周王这次禁酒是中国历史上的第一次，而这件云纹铜禁则成了最确凿的实证。

这件云纹铜禁的体形相当大，长 103 厘米，宽 46 厘米，高 28.8 厘米。光从表面上看，还很难发现它的铸造机巧，如果看它的内部，便可以发现它所使用的铸造方法与其他青铜器大不相同。

铜禁内部是用铜梗拼铸出大框架，框架之外再铸接上通体镂空的"面板"，这些面板全由云纹组成，盘旋反复、层层叠叠、连绵不断地在铜禁上穿行，仿佛为铜禁罩上了一层仙气，所以如此硕大的器物也丝毫不显得笨重。

云纹铜禁（局部） （左冬辰/FOTOE）

云纹铜禁
春秋
河南博物院

铜禁的四周还攀着十二条龙，它们探着头吐出舌头，像是在渴望一品铜禁上摆放的琼浆。铜禁下方的十二只老虎就没这么幸运了，它们只能忍辱负重地蹲在地上，使出全身的气力扛着这重达90多公斤的重物。龙和虎的身体也全由错落交缠的云纹构成，这便又为铜禁增添了一丝神异的气息。

这样剔透的作品，只能依靠另一种方法来铸造了，这就是"失蜡法"。

我国历史文献中关于失蜡法的记载，最早是唐代初年，这也让学术界一度以为失蜡法是由印度传入的。幸而我们有了这件云纹铜禁，它是春秋时期楚墓里的陪葬品，铁的事实表明早在两千五百多年前，我国就已经熟练掌握了失蜡法，它是完完全全土生土长的技艺。

失蜡法的原理很简单，先用蜂蜡做成模型，再用湿泥一遍一遍浇成外范包裹住模型。经过加热烘烤，外范里面的蜡制模型就会熔化为蜡液，等蜡液流出来以后，外范里面就形成了一个和模型一模一样的空腔，此时再把青铜溶液灌入，便得到了想要的器物。

这实在是一个巧妙的好办法，也具有范铸法无法替

云纹铜禁 | 061

当年刚出土的铜禁就是这样一堆碎片

代的优势。不过，想要制作出云纹铜禁这样繁复精美的大作品，花费的功夫也相当多。

不过凡事有利有弊，为了获得精巧性就不可避免地牺牲了一点坚固性。这件铜禁在出土的时候实在是惨不忍睹，这些细密的小云纹破损极为严重，有些几乎碎成了渣。面对这一堆毫无头绪的残渣，实在不敢想象它们还有被复原的一天。

当然，这件铜禁最终还是重焕新生了，所以我们今天才看得到这些龙、虎、云气在铜禁上翻腾缭绕，所有这一切，都有赖于文物修复专家超凡的技艺和耐心。云纹铜禁的修复工作从1981年开始到1984年完成，整整花费了两年十一个月的时间。当它重新亮相之时，宝光绽放，满堂华彩。

出土铜禁的楚墓里还出土了数量可观的青铜器等，尤其是一套七件的列鼎同样因其精密繁缛的构件让世人惊叹，它们的铸造也同样使用了失蜡法。

确实，工匠们辛辛苦苦探得了失蜡法的奥秘，运用得得心应手，怎么舍得轻易停下来呢？

春秋

越王勾践剑

天下英雄谁敌手

湖北省博物馆的诸多收藏里有两件兵器，共同见证了一个烽烟四起、群雄逐鹿的年代。这两样兵刃静静地在玻璃展柜里相对望，兵器上还有错金的篆文，粲然生光历久弥新，细看来，一件所书"越王勾践自作用剑"，另一件上写"吴王夫差自作用矛"。

越王和吴王，历史上的一对著名的敌手，他们的故事一下子活了过来。

灯光不明的展厅里，仿佛打开了一条时空的通道，那逝去的古老岁月从时光深处涌过来，把两千五百年前的春秋末期推到了我们眼前。

这个时候，齐桓、晋文的称霸时代已经成为过去，中原的光芒逐渐暗淡下来，春秋时期最后一笔闪亮的传奇，便由后来居上的两个国家写就。

这便是地处东南的吴、越两国，历经数代君主的努力，他们成为南方最强大的两股力量。

吴、越两国一开始都相当小，偏居东南一带，小小的江南同时容纳两个国家显然太"拥挤"了，两国间的纷争是家常便饭，只可惜自己的羽翼都不丰满，想要一除对方而后快还缺乏必要的实力。

但随着春秋后期君主的休养生息和励精图治，两个小国越来越强大，这一场决战也就越来越近。世代累年的积怨、对生存空间和权力的渴望，让这一场决战轰然打响。

双方都明白，这一场决战绝不再是一城一池的得失，而是生死存亡的最后一战，所以双方就赌上了全部的身家。

事情是吴国挑起的。

吴国崛起得早一些，野心也就更大。当时的吴王是夫差的父亲阖闾，他在群雄争霸的春秋时期是数得上的人物。阖闾十一年，也就是公元前504年，他率军攻破楚国的郢都，迫使楚国迁都避敌，由此一战成名，威震华夏。

这一战也极大地增加了阖闾争霸中原的野心。不过，后方心腹大患越国不除，他进兵中原便总有后顾之忧，所以阖闾决定先兴师伐越，成功之后再图中原。

踌躇满志的阖闾没想到，看起来不堪一击的越国却意外大败吴军，他更没想到自己还会在此役中丢了性命。

这一战的代价实在是太大了！

在生命的最后一刻,他传位于夫差,同时还把对越国的刻骨仇恨传给了儿子。

这篇文章开头提到的两件兵器的主人,就此迎来了第一次真正的对决。

年轻的吴王一刻也不耽误,第二年便兴兵破越以报杀父之仇。吴军一路打进了越都会稽,也就是今天的绍兴,不仅成功复仇,而且让越国几近覆灭。

或许这正是哀兵必胜的道理。

眼见要被灭国,越王勾践只有一步险棋可走,那就是紧急向夫差俯首称臣,并且涕泣连连极尽谦卑。

夫差终于迎来了他父亲梦寐以求甚至丢了性命才得来的荣耀时刻。

接下来的事连想也不用想了,任何一

越王勾践剑
春秋
湖北省博物馆

个普通人都知道，现在，夫差除了兵不血刃乘胜追击一举灭掉越国永除后患以外，再不应该做其他事。

可惜的是，夫差真不是普通人。

他竟然同意了勾践的求和，或许勾践自己都没有想到结局会如此出人意料，他本是抱着必死的心死马权当活马医的。

当然，用不了多久夫差便会知道，同意求和是自己一生，也是整个吴国有史以来出的最大一个昏着！他犯下的错，让他背负不起后果。

千万不要认为这是夫差起了仁慈之心，这甚至连被那些英雄豪杰嗤之以鼻的"妇人之仁"都算不上。何况夫差也并不是个仁慈之人。说到底，这就是结结实实的愚蠢！要知道，在这样凶险的战争里，任何一方一不小心便会就此灭国，这样的决定便是把

吴王夫差矛
春秋
湖北省博物馆

自己放到了刀尖上。

我很好奇夫差究竟是出于什么样的心理。

或许是刚刚成为君王，还没有好好感受过这种高高在上君临天下的感觉吧。何况现在是另一个强国的国君，对自己俯首称臣，替自己驾车养马，那种感觉就更妙不可言。而且，夫差也没有品尝过战场上兵败逃窜的滋味，当然脑海里也就从来没有预演过一朝国破的场景。

他还是太年轻了。此刻他心里充盈的只有志得意满，和勾践的忍辱伏低形成了鲜明的对比。

接下来的故事我们都知道了，因为一个更加鲜活的人物要出场，这就是西施。正是这位千古传颂的美女让吴越争霸的故事多了一抹格外的浪漫和柔情。要不是她，越王勾践和吴王夫差的名字，也许不会获得这样广泛的群众认知度。

比起历史真实的刀光剑影，人们似乎更偏爱绮丽浪漫的传说故事。

传说中，一边是勾践卧薪尝胆、养精蓄锐；另一边则是夫差沉湎于西施的美色，残杀忠良。他们都被鲜明地脸谱化了，分别成了明君和昏君的代表。

事实当然不像传说中的那样黑白分明，夫差并不是那样昏庸无能，要知道正是在他的治下，吴国参加了诸侯会盟，实力达到了顶峰。

勾践和他的一群忠心的臣子图谋了二十年，暗暗积聚力量，而夫差却总以为一切还像从前一样，根本没有警惕自己身边已经早被安上了"定时炸弹"。

一山不容二虎，所以只要东南之地还有两位君王，那么就必将还有一次你死我活的决战。

这一次，发动战争的换成了越国。其实越国早在几年前就和吴国频繁交过手了，而且越国胜多负少，两国力量的天平早已掉转了方向。

结果我们都能想得到，吴军此时早已无力迎战，只能凭借都城的高墙进行防守。一筹莫展、无计可施的夫差多次遣使向勾践求和，但他只能一次次地失望了，因为勾践不是他，勾践不会心软，更不会犯糊涂，他知道自己走到这一天是何等艰险，何等步步惊心，他也看到夫差因为答应了当年的求和，现在是如何身陷绝境。

过了三年，吴都被攻破，夫差自杀，吴亡。这距他的会盟中原，不过十年时间。

这时候，勾践挺直了身子，属于他的时代，终于来了。越国成了雄踞东方的大国，勾践也成了春秋群雄中最后一个霸主。

两个君王的故事，到此结束了。

现在陈列在博物馆里的这两件兵器，见证了这场争霸的全过程。

或许到底是胜者为王吧，勾践的佩剑比夫差的矛看起来要隆重大气许多。

剑通长 55.7 厘米，剑格，也就是剑柄和剑身之间的连接部位还镶有蓝色玻璃和绿松石，这是古代常见的珍贵装饰。

剑身暗布菱格纹，古雅深沉，尽显帝王的威严。靠近剑柄的地方有八个错金字（错金就是先在器身上刻出凹槽，再填上金丝打磨平整的工艺），它们像是起舞的飞鸟，所以被称为鸟篆体。

一把剑令世人称奇当然不是因为它的漂亮，而是因为它锐利的锋芒。勾践的这把剑锋芒一直锐利了两千五百多年，直到现在也丝毫不见锈蚀的痕迹，仍然寒光凛凛。出土当年，考古人员曾用十六层白纸试过它，刃过纸破、刀口整齐，尽管没有人忍心用它来试试能否削铁如泥，但我相信它做得到。

要知道在春秋时期，越国正是铸剑技术最发达的地区，这里出了一位铸剑鼻祖欧冶子，为勾践铸造了五把剑，它们的名字分别是湛庐、纯钧、胜邪、鱼肠、巨阙，光是看见这些字，都觉得剑气如虹、气势逼人。

在夫差大破越国的时候，湛庐、胜邪、鱼肠三把宝剑被献给了夫差作为兵败求和的礼物，或许当年夫差准降，它们也起到了重要的作用吧。

传说中，后来因为吴王夫差无道，湛庐宝剑不愿伴随昏君，于是"自行而去"，飞到了楚国。

于是，大家也就很愿意相信湖北省博物馆的这把出自楚王墓的越王勾践剑，便正是那通灵神异的"湛庐"。

再来看夫差矛，气势就显得有一点弱了，毕竟现在只剩下一个矛头，不见了矛身。

其实这矛也算得上是一件神兵。它同样也有满身的菱格纹和八个错金字，也同样两刃锋利，甚至在展出的时候，它还被立起来陈列，矛尖直指上天，显出不凡的气势。

只不过它到底比不上勾践的剑那样有唯我独尊的气度。当然，说到底，因为他败了。

要细究起来，夫差矛的设计还要更周到些，尤其是矛的脊部前后都被铸出了一道细细的凹槽，更见当时武器设计者的用心。

这细槽是血槽。

因为人体组织存在弹性，在锋利的武器刺入体内时会夹住利器，阻止血液外流，因此人即使被刺中要害也可以坚持很长时间。而血槽则让人体和武器之间有了空隙，这便能使血液迅速外流，在战场上的杀伤力大大提高。

这设计，何其精妙又何其残忍！只可惜江山崩塌之际，血槽杀伤力再强也无济于事。或许还因为设计巧妙、铸造精美，这支矛终究成了越国的战利品，最后一同到了楚国。这也正是为何现在这两件原本相隔千里的神兵都出土于楚墓的原因。

我们无法考证这两件兵器在当年是不是碰过面，不过倒是可以确定它们应该没有真正交过锋。剑是身份的象征，不大会真拿出来砍杀；而矛虽然是实战兵器，但作为国君的武器，它大概没有机会亲自对敌，顶多只会作为号令军队的象征吧。

所以，我们也就没有机会判断究竟谁更锋利些。

当然，战争的胜负远不是看谁的武器更锋利。

越王者旨於睗剑
战国
浙江省博物馆
这把剑的主人是勾践的儿子

战国

郭店楚简

改写中国思想史的小竹片

我国最早定型的文字是殷商时期的甲骨文，后来又逐渐出现铸造在青铜器、铭刻在石头上的金文、石鼓文等等，它们的名字都源于"书写材料"。不过这些材料听起来就极其笨重，想要在上面"写字"也极为困难，所以可想而知，这些书写材料几乎无法传播。通常情况下只有贵族才能接触到这些文字，所以在当时能认会写的人极其稀罕。

到了春秋战国时期，一种全新的书写材料开始流行，那就是竹简，这种"前沿材料"不仅让书写变得便捷，而且便宜易得、携带方便，文字通过它们得到了迅速的传播，平民阶层识文断字因此成为可能。文

刻辞卜骨
商
中国国家博物馆

甲骨是最早的书写载体

化和思想的传播和积淀有了扎实的载体，春秋战国时期才得以形成百家争鸣的盛况。

可以说，竹简被创造的那一瞬间，就注定了它必会担当着留存和传布文化的重任。直到现在，我们针对图书所设定的专门量词"册"，便清晰地昭示着它来自竹简的渊源。

竹简实在是不亚于造纸术的一项伟大发明，甚至在历史上，人们使用竹简的历史比纸张还要长。

不过，很可惜的是由于没有诸如"四大发明"光环的加持，竹简显得默默无闻了许多。在博物馆里，竹简更是难以吸引观众，一来因为它实在没有炫目的华丽外表，二来也因为这些竹简大多散乱，并且字体与我们今天熟知的多有差异，大家实在有点看不明白。

不过，竹简作为早期的"文件"和"书籍"，却是我们考证历史最可信、最确凿的证据。这些细细窄窄的小竹条里藏着中国历史上灿烂的文化和深厚的思想，以及可供后人探测幽微的线索，所以一旦发现竹简大墓，常常会让我们已知的历史也随之产生一番震动。

比如1993年在战国楚墓出土的郭店楚简，便是这

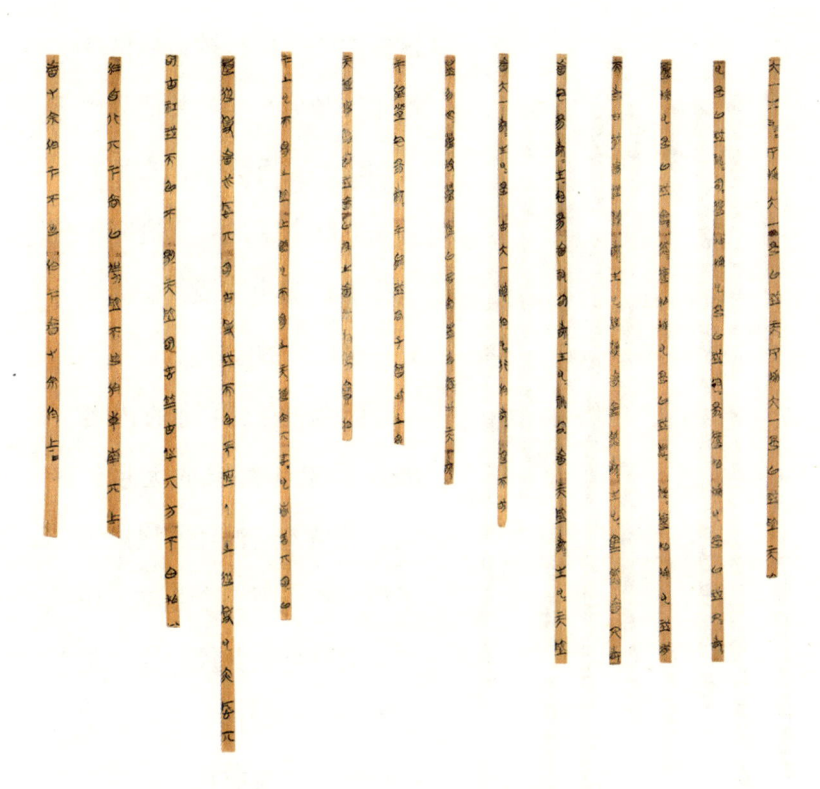

郭店楚简《太一生水》
战国
湖北省博物馆

种轰动世界的重量级文物。

这个楚国的贵族墓曾经被盗,竹简虽然并不是盗贼觊觎之物,但也被盗贼破坏严重,劫后余生的竹简当中有 703 枚上有文字,文字共计 13000 余字,对于研究中国先秦思想史来说,这无疑是一个巨大的宝库。

因为这批竹简的内容涉及道家和儒家的大量经典,光是《道德经》便出土了甲、乙、丙三个版本,还有《太一生水》篇,这些是迄今发现的时代最早、文字最原始的道家著作。可想而知,光是这些典籍的考订工作,也足够学术界忙一阵子了。

郭店楚简《老子》

除了道家经典的不同版

本，郭店楚简中的儒家文献更丰富，包括《鲁穆公问子思》《穷达以时》《五行》《唐虞之道》《忠信之道》《尊德义》《性自命出》等等。

嗯，大多数我们听都没听说过，因为它们早已在两千多年前就失传了。这次的发现，大大增加了儒家学说的体量。

郭店楚简既能填补空白，又能正本清源，自然也就成功地改写了中国思想史和学术史。

楚地当时文化繁荣，档案工作做得好，所以出土的简牍特别多，也为我们后世提供了了解历史的确凿证据。

这里出土的还有睡虎地秦简《秦律十八种》，共计201枚竹简，记录了《田律》《厩苑律》《仓律》《金布律》《司

睡虎地秦简《效律》

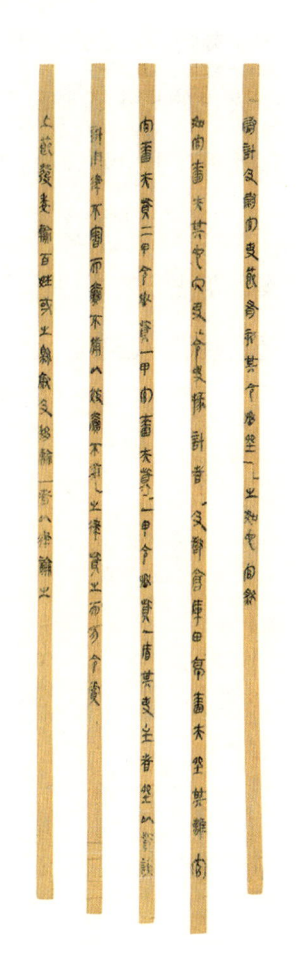

空律》《置吏律》等十八种秦律的内容，涉及生活方方面面。

秦朝以律法严苛著称，最后陈胜、吴广起义成为秦朝灭亡的导火索，除了秦朝对人民的残酷剥削，另外很大程度上也是因为当时的种种严刑酷法。

人类一直试图在努力寻找"我们从哪里来"的答案，历史研究是一个不错的途径，而研究的基础，正是这些历史档案。

战国

虎座鸟架鼓

凤舞楚天，其鸣铿锵

中国文化中最受人崇拜和喜爱的动物形象大约有两个，一是龙，一是凤。它们都是远古时期的图腾，后来就成为祥瑞的象征，所以我们的成语中关于龙凤的成语也格外多，并且几乎无一例外都是吉祥美好的寓意。不仅如此，龙和凤还时常成对出现，也就是要表达喜上加喜、瑞上加瑞的意思了。

正因为它们总是成双成对地出现，人们很容易想当然地认为外形英武的龙代表雄性，而翩跹华丽的凤则代表雌性，这其实倒是个天大的误会。

早在春秋时代，人们就为想象中的四种灵兽赋予了权威，它们各自掌管一方，麟（麒麟）为百兽之长，凤为百禽之长，龟为百介（就是带壳的动物）之长，龙为百鳞（水里的生物）之长。所以有成语龙飞凤舞、凤毛麟角、凤子龙孙、攀龙附凤等等，其中的凤和龙、麟这些神兽不仅性别相同，而且地位相当。

你如果看过《三国演义》，便一定记得两个智慧之神一般的人物，一个是伏龙诸葛亮，一个便是凤雏庞统，这两位可都是妥妥的男性！

不仅如此，凤在传说当中能够浴火重生，不死不灭，阳刚气可谓十足。再要论起战斗力，凤比龙要厉害得多，在佛教典籍中记述的大鹏金翅鸟"迦楼罗"就专以龙为食。《西游记》中讲述了它的来历，它正是凤的儿子之一。凤的儿子都这么厉害，凤本尊就更可想而知了。

那么，真正代表雌性的是什么呢？其实与"凤"相对的是"凰"，所以但凡表达男女之间的关系，便一定会是凤与凰成对出现，比如"凤求凰"比喻男子对女子的追求，"凤凰于飞"象征男女爱情幸福。

我们这一番正本清源以后，再来认识以凤为尊的楚文化，便不容易误会了。

楚最早崛起于古荆州。

荆州的历史极其悠久，早在大禹治水定九州之时，荆州便是其中之一。这里地处江汉平原腹地，境内水系众多，平原肥沃，农业极为发达，这是古代建国定邦最重要的先决条件。

不仅如此，荆州雄跨长江，沿长江向上游走是三峡，扼住了四川的咽喉；向下游顺流而下，抵达南京则势如破竹。

这样便利的地理位置，让它成了兵家必争之地，所以才会有后来三国"刘备借荆州""关羽大意失荆州"这些典故。也正是占据地利，楚国崛起之后，实力迅速扩张，最后成为春秋战国时期最有实力的大国之一，成就了一番霸业。并且，在很长一段时间内，战国实力最强大的其实是楚国。

地处长江中下游的楚国除了有实力，还特别有性格。这里的文化与中原文化大异其趣，比如中原的诗歌代表是现实主义的《诗经》，楚国却创造出了浪漫主义的《楚辞》；中原以龙为尊，这里却崇拜凤鸟。正因为绚烂华彩的楚文化为中华文化提供了一种完全不同于中原文化的风情，所以也才有了那么多龙凤辉映的成语。

这里不仅有凤的绚烂，还有凤的刚强和威武。所以千万别想当然地以为楚地浪漫主义的文化气质会让这里一片靡软，其实楚地的民风极为雄劲刚硬，甚至可以称为彪悍。在古代，楚地生活的人们具有不屈的战斗精神。

秦始皇灭楚时便有楚国贵族留下"楚虽三户，亡秦必楚"的不甘誓言，果然秦末的陈胜吴广起义兴的便是"大楚"名号，项羽更是自封为"西楚霸王"，所以这样的地方以凤为图腾，便足可以想见楚地的凤鸟气度是多么雄豪，造型也是多么劲健了。

考古学家们为已挖掘出土的凤鸟造型的器物进行断代，发现它们所属的年代集中在春秋战国时期，这正是楚文化灿烂繁荣的时期；这些器物的出土地点也主要集中在湖北、湖南一带。现在，在湖北省、湖南省等楚地的博物馆里，藏品中凤鸟的形象令人目不暇接，好一个凤舞九天的神异世界。

楚人热爱凤鸟，所以他们把凤鸟的形象用到了极致，尤其具有代表性的是一座造型新奇、独具创意的漆器——虎座鸟架鼓，这个名字实在是太低调了，这哪里是普通的鸟，明明是凤。

从战国时代开始，楚国就是漆器的重要产地，所以现在出土的春秋战国时期的漆器无论从数量还是种类上看，楚国都遥遥居首，其中漆器的造型格外能体现楚文化的浪漫奇谲。

我们现在常见的早期漆器，大多是杯盘碗盏之类的日用品，体量不算大，造型也都中规中矩，但楚地的漆器却很有些另辟蹊径的意思。

楚地漆器不仅普遍体量硕大，而且造型特别夸张，再加上陆离的纹样，整体效果就显得很有些诡谲莫辨，显现出楚人天马行空的想象力。无疑，凤鸟为楚人的想象力插上了翅膀，这件虎座鸟架鼓便达到了极致。如果你不看实物，大概很难想象它的样子。

这座鼓宽、高均近1.5米，说来这不过是一面木鼓，但造型很奇异，设计感极强，在当年应该是大型仪式上的重要乐器，摆在厅堂里一定相当有气势。

鼓下端是一大块底座，用来固定上面繁难奇特的造型。两只虎背对背蹲踞在底座上，前爪匍匐抓地，后腿高高撑起，像是憋足了劲承受着背上沉重的压力。两只凤鸟分量十足，它们背对背挺立在虎背上，昂首向天，声达九霄。显然，这里凤鸟的地位要比猛虎高了许多。

如此费尽心思装饰华美的凤和虎，其实不过是鼓架子，主角还是凤颈间悬空而挂的那面圆圆的漆木鼓。可惜的是，原物残损严重，鼓面已经没有了。考古学

虎座鸟架鼓 | 087

虎座鸟架鼓
战国
湖北省博物馆

家们对鼓面进行了复原，鼓周围的黑漆底上还有黄漆画着的缭绕云气，仿佛凤鸟在虎背上腾空而起，穿梭在云间，让那鼓也裹上了一层缤纷的云彩。

这样不拘一格并且装饰繁复的作品，正是楚国艺术的特色。

如此威风的凤鸟并不是只出现在这座鸟架鼓上，如果你再多参观几家博物馆就会发现，在楚地，凤鸟的地位至高，其他动物是没有机会与凤鸟抗衡的。

湖北省博物馆里有一座小型漆木透雕座屏，上面凤鸟的造型显得更加神气。整件器物上有四只大凤

虎座鸟架鼓（复制品）
战国
湖北省博物馆

鸟，背上又各立着一只体形稍小的凤鸟，凤鸟的嘴巴和利爪牢牢捉住了一个呈螺旋状交错的动物，这正是蛇。蛇被看成是小龙，这下龙在凤的面前真是颜面尽失了。

还有一件漆器，造型更加怪异。接近两米高的器物下端是一只巨大的蟾蜍，背上驮着一只展翅的凤鸟，鸟头上还站着一个人形，只不过这个人形也是鸟嘴，身后有鸟的尾羽，脚也呈鸟爪的形状，难道他是凤鸟的人形化身？这件漆器造型并不那么"优美"，而是显得诡异，甚至还略带恐怖色彩，这不是实用器物，而应该是用来镇墓的。楚地有制作漆镇墓兽的传统，放在墓室里防止邪秽侵扰墓主人的灵魂。

如果不看到那些奇异的作品，我们实在难以估量楚人的想象力是多么不拘一格。

湖北省博物馆里有一个小小的矢箙（fú），上面的漆木装饰十分值得一提。矢箙就是箭囊，在这么小的空间雕刻的凤鸟仍然别具神采，丝毫不减气势。这是两只相对而立的凤鸟，挺胸踩在虎豹背上，周围是祥云漫布。箭囊的主人大概是想要借助它们的保护，得以矢不虚发、一击必中吧!

  当然,凤也不单单出现在这些礼乐、兵器之上,它也是平易近人的,所以日常实用漆器,如豆、杯等物,也常常被做成凤鸟的造型。至于凤鸟纹饰的运用更是不可胜数,这样的凤则更具有人间的情味,并不拒人千里。这才是楚人心目当中既能飞舞于九天之上,又能盘旋于尘世之间的灵物吧!

  热爱凤鸟的楚人只做到这一步显然是不满足的,他们怎么可能不把凤鸟的形象用到极致呢?所以,先别

彩绘鸟兽纹矢箙面板
战国
湖北省博物馆

急,另一个地方还藏着更加绚烂的形象。

在楚文化的发源地和大本营荆州,这里的人们对凤鸟无与伦比的尊崇和热爱一直流传不断,所以荆州的城徽就是城门口的丹凤朝阳雕塑,它镇守在城门入口,几百年前的古城墙在它身后绵延,显得那样安详平静,又让人不禁好奇这古城之内还有着什么样的绚烂和神秘。

所有的绚烂和神秘,或许都集中在荆州博物馆里,这里的镇馆之宝很多,尤其以战国时代的丝织品独具魅力,几乎为全国之最。而这里丝织品中数量最多、形象最精、气势最足的,就是凤鸟形象了。

楚国的凤鸟崇拜在这一丝一缕之间显得如此鲜活,如此细致。

为了保护脆弱的丝织品,博物馆的展厅里是漆黑的,有人靠近时才会亮起一点暗光,这种灯火明灭的氛围带有一种神秘感,更让人产生一种幻觉,仿佛周遭有凤鸟凌空起舞,穿梭不绝,耳边也响起凤鸣响彻九霄的辽远叫声。待你侧耳倾听,声音越来越远,空气越来越静;待你仔细凝视,灯光更亮了一点,它们便像是瞬间静下来，一一栖息在这些织绣上，构成了最奇绝焕然的图案。

这些丝织品种类繁多，绢、丝、纺、缟、纵、绸、纱、罗、绮、锦不一而足，代表了春秋战国时代织、绣的最高工艺水平，数量之多、工艺之精、保存之完好，足以惊艳两千多年后的我们。

而这些织物的共同点，最显而易见的就是无处不在的凤鸟图案。

这里的丝织品形态丰富，有衣袍、被衾、镜套等等，有些是以凤为主纹样，单独出现，有些则是凤与龙、虎等形象混杂交缠。不过，无论是什么情况，也无论织物的尺寸大小如何，无论纹样多么繁复绚丽，凤总是抢眼的主角。

所有的丝织品中最珍贵的一件是蟠龙飞凤纹绣浅黄绢衾，衾就是被子。这件衾的纹样是龙凤交杂的，但一眼望去最先看到的，却是凤鸟华彩辉煌的羽毛在被面上舒展开来。龙的形体很细瘦，所以盘曲的身形不太显眼，像是被凤挤到了一边，让人很难一眼发现，就更别说和凤交相辉映了。

另有一件镇馆的战国时代的凤鸟花卉纹绣浅黄绢面绵袍，凤鸟是大袍上唯一的主角，它们头戴宝冠，振翅高飞，双翅上还各有一只鸟头，这真是百鸟之王的气派。

丝织品保留下来极为不易，能在这些脆弱的作品上看到凤舞楚天的景象实在是很难得了。

湖南省博物馆有一幅战国时期的《人物龙凤帛画》更显珍贵。画上龙凤同框，两下比拼当中，更展现了凤的壮丽辉煌。

这是中国现存最早的帛画之一，画面右下方有一位侧身而立的纤瘦女子，双手合十做出祷告的样子，有

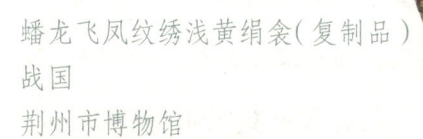

蟠龙飞凤纹绣浅黄绢衾（复制品）
战国
荆州市博物馆

人认为她的身份是巫女，正在为墓主祝祷，祈愿龙凤引导魂魄升天。也有人认为她就是墓主人，正由龙凤引导升仙，楚地当时确实流行这样的招魂习俗。

帛画的寓意是不是确实如此，也还有学者在不断丰富着研究，我们暂且不去管它，只看作品本身，便已被这只张扬霸气的凤抢去了全部的注意力。

凤鸟占据了半幅画面，凤头上扬，双翼大展，一前一后张开双脚，舒展奔放，张力十足。凤鸟身后的两根长长的尾羽被画成了一道强劲的圆弧，一直弯到了凤鸟头顶上，让凤鸟的造型呈巨大的圆环，挂在高高的天空上，像是散射着太阳一样的光辉。

凤鸟的左方是一条蜿蜒的龙，虽然四条腿尽力张开，无奈身体太瘦小，像是被挤得无处可去，只好瑟缩在角落里。

大概只有楚人，才会如此区别对待龙和凤吧？

因为画面的意义并无确凿的定论，所以便又有人对这幅帛画进行了另外的解释。有学者说凤代表生命的力量，龙代表死亡和战争，所以巫女祈祷凤能够击败龙，生命最终战胜死亡。还有学者说龙和凤是两个部

人物龙凤帛画
战国
湖南省博物馆

落的图腾，最后以凤为图腾的部落获胜，于是用帛画铭刻胜利。如果按照这种说法推理，这又会不会是以凤为图腾的楚人想要图谋中原，于是在画面上以凤压倒龙来祝祷呢？

反正不管出于什么目的，龙在画面上确实显得气势不足。

龙头与凤嘴离得很近，于是让人不禁怀疑它像是被凤鸟叼住后又刚刚甩开，所以身体疲软地垂下来，虽然心有不甘却力有不足，只能无力地扭几下，任凭自己从空中跌落。所以画面上龙的位置比凤要低得多。

在荆楚大地，凤鸟总是卓尔不群，楚人不惜让所有的神物在他们的图腾面前黯然失色。

战国

曾侯乙编钟

音乐史上的『尖端科技』

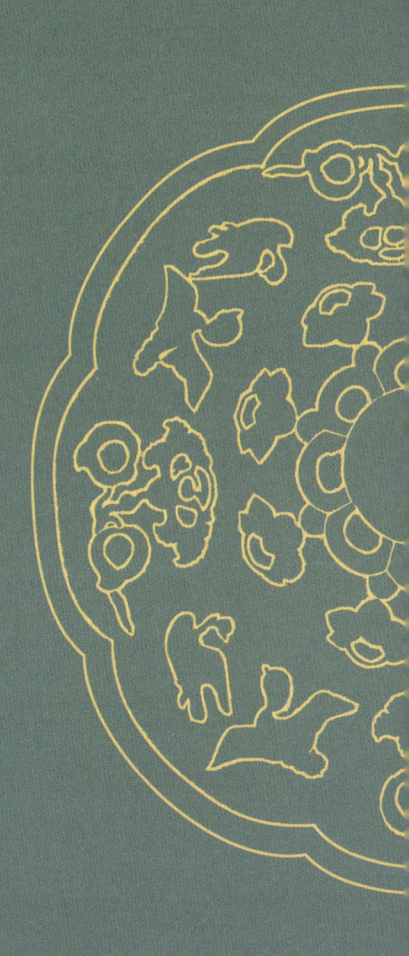

在中国古代人的生活中，音乐占据着十分重要的地位。在古代，一个人要是不懂音乐，就不能算作一个合格的文化人。《周礼》中就已经明确地说了，培养公卿士大夫的后代一定要教授六艺：礼、乐、射、御、书、数。后来儒家又把这一套"教学大纲"扩大到针对所有的学生，你看，"礼"至高无上，排在首位没有异议，"乐"竟然能够紧随其后列居次席，可见它有多重要了。

乐在古代可不像现在仅仅是用来悦人耳目的，在当时，音乐肩负的担子很重，它被视为一种最有效的教育手段，用来教化人民。所谓"移风易俗，莫善于乐；安上治民，莫善于礼"，说的就是礼与乐的默契配合。

其实比起"礼"，乐的形式更加丰富，传播的范围也更广，哪怕哼个小曲也都是一次"教化"，所以国家对它也就格外重视，将"乐"与治国和道德伦理联系在一起。

孔子就认为，"为邦之道"应该"放郑声，远佞人"，意思就是说郑国的音乐情感外露，不平和雅正，像是花言巧语的小人；而他心目中正统的"乐"是"乐则韶武"，意思是说音乐应当效仿舜时的《韶》和周武王时的《武》，那才是真正的雅乐。由此可见，古人是将音乐和治国安邦联系在一起的。

我们常说自己是礼乐之邦，也是这个道理。

到了春秋战国时期，诸侯争霸，原有的社会秩序和等级限制都被极大地打乱了，所以这就被叫作"礼崩乐坏"。

乐，其实就是礼的具体体现。

我们在前面的篇章中介绍过，西周之前的青铜器都是作为礼器出现在重大活动中的，当历史进入春秋时期，奴隶制社会也随着周王室的衰微和各诸侯国的争霸土崩瓦解，青铜器铸造不再为周王室独有；到了七国并立的战国时代，曾经高高在上的青铜器作为礼器的功能逐渐丧失，变得日常化，出现了大量的日常生活用品。

但我国现存的青铜乐器当中，最著名、最盛大、最精妙的，首推战国曾侯乙墓出土的一套编钟。

对于它的重要性，著名考古学家邹衡先生曾说："什么能够代表中国？在我看来无外乎两者，一是秦始皇

曾侯乙编钟
战国
湖北省博物馆

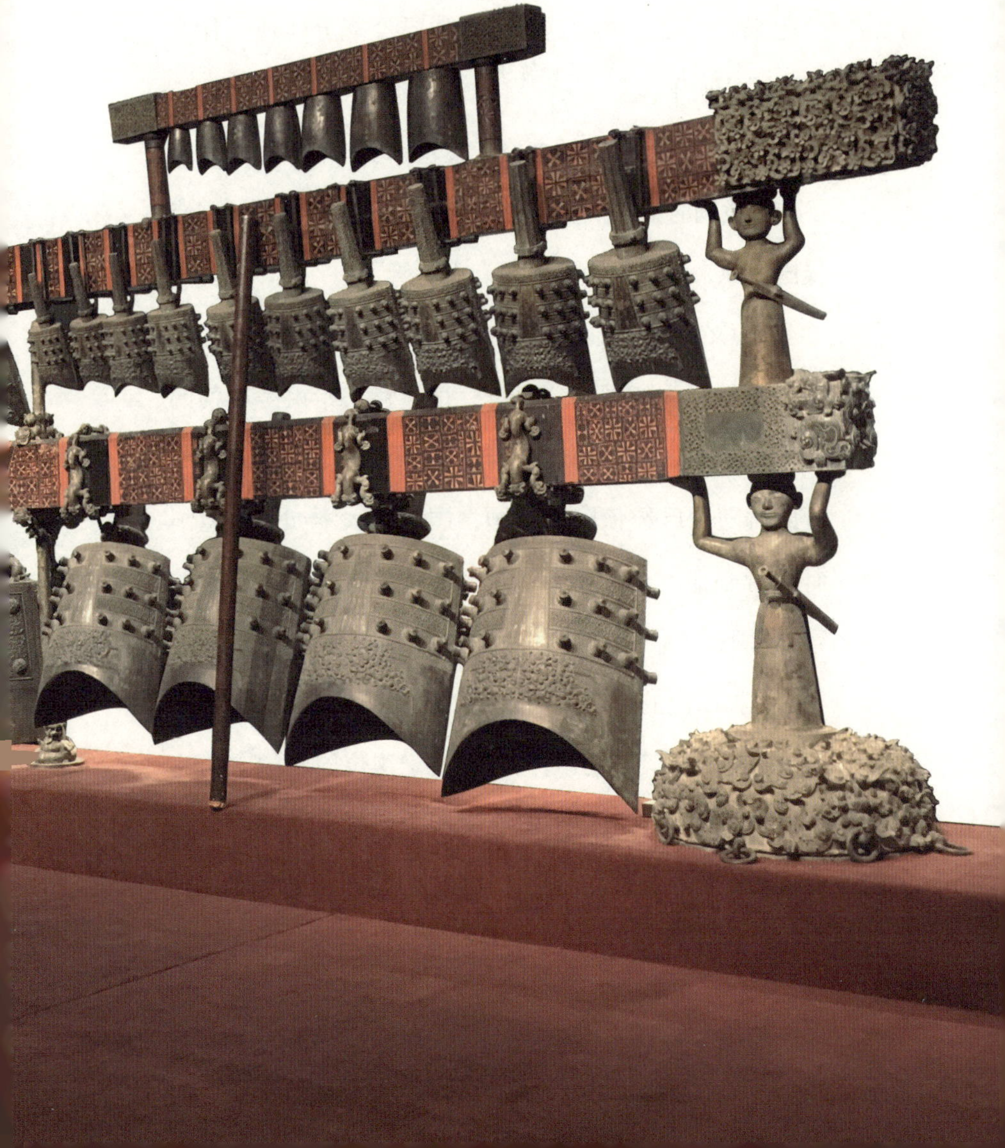

兵马俑，二是曾侯乙编钟。"

看来，它确实不同凡响。

这套编钟有64口钟和一只镈（bó），共65件，组合起来有三层，单看这样的规模已经充分体现了什么叫作"礼崩乐坏"。

是的，这套编钟的规格大大超标了。

在战国时期，周天子的实力很弱，难以有效控制诸侯国，原来的老规矩也就没有人去管了。

曾国在现今湖北省随州市那块地方，据考证它实际上就是随国。随国的"出身"很显赫，始祖是周朝的开国大将军，随国国君也与周天子同姓姬。所以，尽管此时随国已经依附于楚国，国力也大不如前，但国君的野心却不小，要不然怎么能造出这样隆重宏大的青铜器呢。

根据出土的青铜器上的铭文和文献考证，这套编钟的主人是一个名叫乙的国君，关于这位国君的丰功伟绩或者趣闻逸事历史上鲜有记载，但这套编钟为他赢得了不朽的身后名。我们还是用数字说话吧。

这套编钟总重5吨，长钟架长748厘米，短钟架长

335厘米，现在被摆为曲尺形架在博物馆里，虽然一声不发，单单是这庞大的体量就已经气势撼人了。

当然乐器不是比花架子，它还得有真本事。

可惜我对音乐不太懂，只能抄录它令人惊叹的品质如下：它的基调与现代的C大调相同。它的音域跨越五个八度，只比现代钢琴少一个八度，中声部约占三个八度，由于有音列结构大致相同的编钟，形成了三个重叠的声部，几乎能奏出完整的十二个半音，可以奏出五声、六声或七声音阶的音乐作品。

也就是说，几乎所有的高低音它都可以发得出来，为了让演奏者能正确打击它，钟上还标出不同的音名。

确确实实是一套真正能"打"的编钟。

还有更神奇的，在于它能实现"一钟双音"，也就是说在编钟的鼓部分别有一个正鼓音和一个侧鼓音，两个乐音之间都相隔三度音程，这可不是碰巧做得出来的，而是经过了精心设计和铸造。

它的奥妙就藏在钟壁和钟体内。钟腔内部其实藏着四条凸凹对称或不对称的音槽，对音槽进行不同的铸制和打磨就形成了不同的音调，再加上不同厚薄的钟壁，才会产生如此神奇微妙的效果来。

还有更讲究的。虽然编钟是青铜所铸，但其中的铅、锡含量被掌控得极为精准，所以它的音色如此清脆和谐，也为一钟双音提供了可能。

还有行家曾经赞美它："编钟的制作是一个系统工程，不仅关乎音乐方面，还包罗比如声学、结构力学、冶金铸造、数学等方面，涉及多个学科，这些方面的成就在当时都是顶级的。曾侯乙编钟是当时人类精神文明和物质文明的集大成者，从文化层面上来说，它甚至要超过秦始皇兵马俑。"

诚非虚言！文化层面不好说，但就科技含量来说，编钟倒确实是要略高一筹。

在音乐史上，这就是妥妥的尖端科技，所以这套编钟也被视为中国乃至世界音乐史上的至宝。

我们无法得知这套两千四百多年前就已经进入地底的编钟最后一次为曾侯敲击出的是什么音乐，不过自1978年被发掘出土后，它的声音就传遍四方，再也没有停止过。

身为乐器，自然要接受测音，出土当年的8月1日，这套编钟便使出了浑身解数,两千四百多年的长久静默让大家为它悬着心,不知道它的金口一开,是满堂喝彩还是暗哑无声。

它经受住了考验,开篇是高亢的《东方红》,接下来是古曲《楚商》,甚至还有来自域外的名曲《一路平安》,接着是奔放的民歌《草原上升起不落的太阳》,最后则以宏阔沉厚的《国际歌》落幕。

它不会想到自从自己被放进暗无天日的地底下,竟然还能有重见天日的这一天,而且还能有机会这样放声高歌,所以它也表现得格外卖力,轻、重、缓、急、抑、扬、顿、挫,全被它轻松拿下。

憋闷了两千多年,这几个曲子怎么够?那么,就索性过足瘾吧。

1984年,它又被请到了中南海,为各国驻华大使演奏了我们的古曲《春江花月夜》和西方名曲《欢乐颂》,还有专门为它量身定制的《楚殇》,它来自楚地,正中间那口镈正是当年楚惠王所赠。

1997年,庆祝香港回归的音乐会也是祭出的这套重宝,不过据说为了尽力保护它的周全,用的是复制品。

不知道以后还有没有请它亲自出马演奏一曲的日子,偌大的玻璃展柜里恒温,它享受着最周到的保护,接受着万众的惊叹,纵然如此,不能放歌的日子对它来说,或许同样是一种煎熬。

你看,托着钟梁的钟虡(jù)铜人也觉得百无聊赖,中下层的铜木结构横梁两端各站着三位,他们身着长袍,腰挎佩剑,笔直挺拔,双手托举,和头一起顶起了沉沉的一排编钟。如果能听到美妙的乐音或许

编钟两端的铜人

还能排遣一下辛苦劳累，现在只能这样端端地举着，真担心他们不堪重负啊。

还好，他们的身边有小动物做伴，这就是密布在梁架两端和铜人脚下的小蟠龙了。

小蟠龙排布得层层叠叠、无穷无尽、不见首尾，一条条紧紧缠绕堆叠，有些还是镂空的，倒让沉重的编钟稍稍显出了一丝剔透的轻灵感。

很难想象这样繁复的装饰是如何制造的。

现在公认的说法是用失蜡法制作的，也就是先用软蜡捏塑成型，再在蜡外敷上湿泥，等泥干透后就成了一个模子，工匠把模子加热，蜡便熔化流出，再把青铜溶液倒进模子里，等冷却以后便得到了这样剔透的结构。

这些能工巧匠是真正的艺术家，只可惜无论是青铜器还是历史文献上，都不会出现他们的名字。

这些小蟠龙的形象十分灵动，它们不断扭动翻滚着，仿佛拥有生命。

曾侯乙的墓里同期还出土了一套尊盘，盘上绵延无尽繁复堆砌的蟠龙，用实力展示什么叫作密集。

曾侯乙尊盘
战国
湖北省博物馆

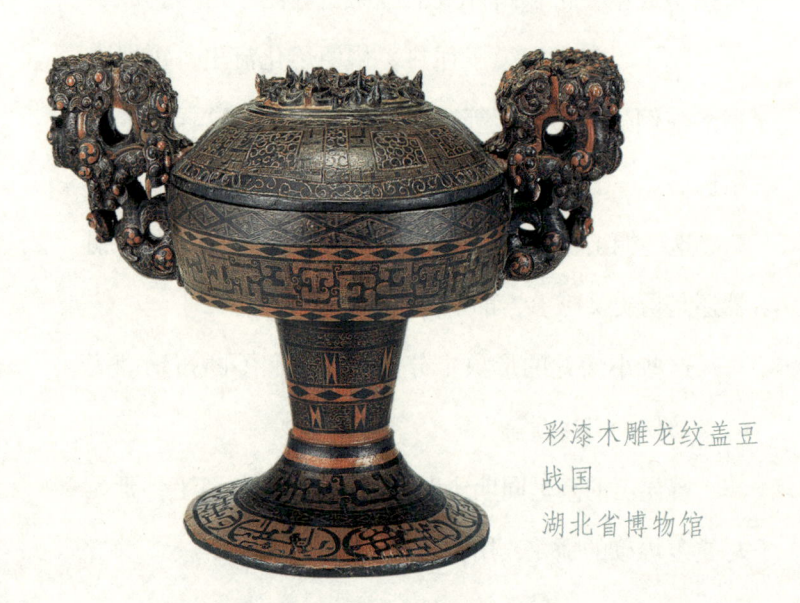

彩漆木雕龙纹盖豆
战国
湖北省博物馆

曾侯乙墓出土的文物以漆器和青铜器为主，共15000多件，其中九件被定为国宝级文物。不过，他的陪葬规格超标程度也是惊人的，比如他配的是只有天子才能用的九鼎八簋，已是严重的僭越了。

不过，当时这么做的诸侯太多，也不稀奇。

并且，他能够制造出这些堪称中国文明史上的顶级杰作，像这样超标使用陪葬品，也让我们有幸见识到祖先们的智慧与非凡的想象力。

蜻蜓眼玻璃珠

战国

这就是传说中的宝贝「随侯珠」?

在遥远的先秦时代，流传着关于两件至宝的传说，一是和氏璧，一是随侯珠。

和氏璧从它的发现开始，就显得异乎寻常，而且总伴随着流血和阴谋，由此引发出一系列传奇，构成了春秋战国时代最惊心动魄的故事，也留下了许多成语至今鲜活，比如价值连城、白璧三献、完璧归赵等等。

后来，秦国最终得到了和氏璧，把它加工成了传国玉玺，于是它更成为皇权正统的象征，被人觊觎、争夺，最后不知所踪，又是一系列惊心动魄又经久不息的传说。

至于与和氏璧齐名的另一件至宝随侯珠，就显得冷清得多了。关于珠子是什么材质、什么尺寸、什么样子，古代文献典籍中大多语焉不详，让人连想象都找不到线索，所以到现在也就知者甚少了。

当然，既然是至宝，一定有它的不凡之处，所以，越神秘也就越能激起大家的好奇心。历史上许多不同寻常的珠子，也就因此成为随侯珠的"候选人"。

比如一种名为"蜻蜓眼"的彩色玻璃珠。

"蜻蜓眼"是一种比喻说法。

这种玻璃珠尺寸都不大,一般直径在 2 厘米左右,珠子表面布满了一个个色彩不同的同心圆,主要有蓝、白、黑、褐几色,像极了蜻蜓的复眼,所以古人极富想象力地称它为"蜻蜓眼"。

现在,楚地发现的蜻蜓眼最多,尤其是曾侯乙墓出土了 173 颗"蜻蜓眼"珠串,加上曾侯早已被考证正是随侯,所以这种绚丽的玻璃珠便一下子激活了传说,现在学界普遍认为所谓的随侯珠,正是这种玻璃珠。

传说中的至宝是玻璃珠,而且数量不少,迄今发现

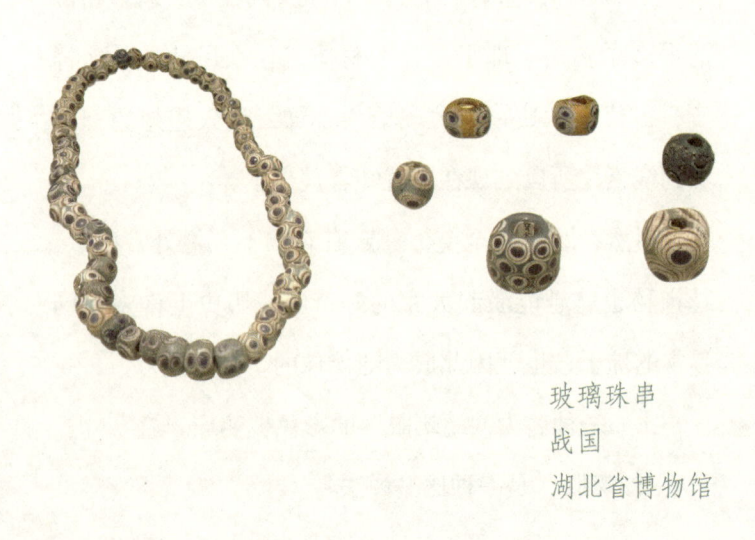

玻璃珠串
战国
湖北省博物馆

了大约有400粒，这样的结果是令人稍稍有点失望的。

不过，或许你了解了这些玻璃珠的前世今生，也就能理解古人了吧。

中国不是玻璃的发源地，整个历史上留存下来的玻璃器物也并不多。因此这些年代久远的玻璃珠便显得十分难得，它们来自遥远的域外，但确切的"出生地"到底在哪里，当时能够拥有这些"宝珠"的贵族们也并不知道。

玻璃发源于古埃及，大约在公元前四五千年，埃及人就已经学会烧制玻璃。在公元前十四世纪或更早，埃及就已经出现了蜻蜓眼玻璃珠。

埃及人对眼睛的形状有一种特别的崇拜，他们认为这是天神荷鲁斯之眼。荷鲁斯是法老的化身，是天空和太阳的象征，所以他的眼睛拥有无比的神力，能够驱魔避邪。在古埃及，人们经常制作"荷鲁斯之眼"作为护身符，一直到现在，这种眼睛符号都是最具埃及风情的标志性符号之一。

这种来自遥远北非的玻璃制品受到了地中海沿岸国家的喜爱，于是开始向外传播。先是地中海沿岸的西亚，后来传得更远，随着中西亚的游牧民族一路向东走，中亚一带的大陆上，到处遍布着玻璃制品的爱好者。这种晶莹艳丽的小珠子影响力出奇地大，很快，在东方的大陆也出现了它的身影。

当时，这种蜻蜓眼在中国广受珍爱，几乎在所有的地区都有发现。蜻蜓眼在中国传播的路线，最早是在西部边陲的新疆，后来一路向东进入中原；到了战国中晚期，便集中在楚地，而这一条自西向东的传播之路，则正是丝绸之路贯通之前，欧亚大陆各国交流沟通的"天路"。

蜻蜓眼玻璃珠
战国
湖北省博物馆

由于欧亚大陆地理范围太过广袤，各国间沟通的难度和成本是巨大的，沟通目的自然是为了贸易交换，所以这种小型便携又绚丽剔透的珠子，是再好不过的珍品。

当蜻蜓眼进入中国以后，我们的能工巧匠也希望破解这种宝珠的秘密，于是不断试验仿烧，最后真的创制出我们自己的随侯宝珠来。

不过，中外两种玻璃珠的成分并不相同，国外的

玻璃瓶
东汉
洛阳博物馆

盘口琉璃瓶
唐
法门寺博物馆

玻璃以钠、钙作为助熔剂，而国内的则使用了铅、钡。而且我们还发明了新的"眼睛"样式，在"大眼睛"周围增加了小的联珠纹，眼睛显得更加隆重华丽，还有由七个小圆组成的"七星纹"的样式，又出现了方形、管形等。

　　这种奇幻可爱的小珠子在春秋战国时期被运用到了极致。蜻蜓眼作为辟邪祈福之物，除了单纯作为首饰，比如项链、手串、耳饰等，还被广泛镶嵌在其他器物的表面，比如玉璧、铜镜、带钩、剑柄等，为它们平添了一抹奇异的华彩。

　　可惜的是，楚被秦灭后，蜻蜓眼的制造也随之衰落，汉代以后几乎消失不见。而那曾经的随侯宝珠，也就只在文献当中，留下了"精耀如真"的记载，供人追忆遐想了。

四神云气图

汉

青龙白虎掌四方，朱雀玄武顺阴阳

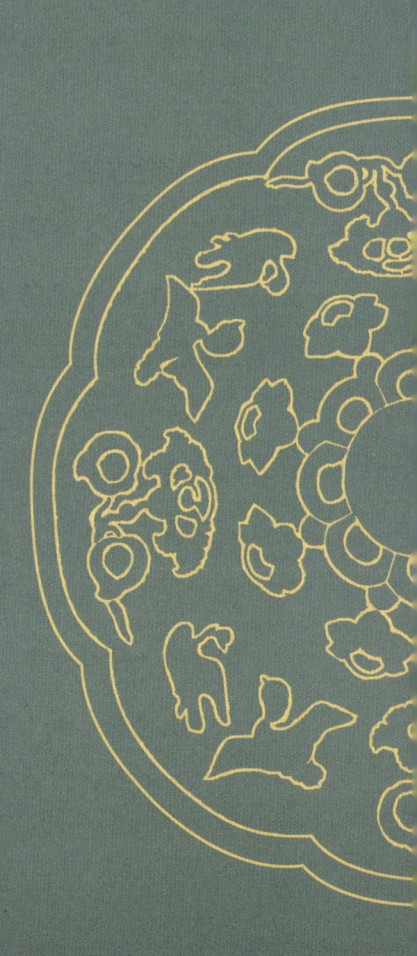

人类对于星空总有着许多浪漫的认识，在古希腊人、玛雅人、阿兹特克人的文明当中，都有许多关于星座的神话，其中我们最熟悉的当数黄道十二宫的神话。中国的古人也一样，他们将天空中可见的星划分为二十八宿，每一宿都有一个星官值掌；这二十八星宿又按方位划分为东西南北"四组"，每一组还有一位神统领，这些神统领就是我们熟悉的青龙、白虎、朱雀、玄武。

所谓的青、白、朱、玄其实是四种颜色，是古人根据阴阳五行之说来对应的不同方位。

东方属木，树木当然是青绿色为主，所以东方是"青龙"；

西方属金，白色，所以是"白虎"；

南方属火，红色，所以是"朱雀"；

北方属水，黑色，也就是玄色，所以是"玄武"。古人认为蛇和龟组合才能繁衍后代，于是玄武的形象就是龟和蛇组合在一起。

说起古人选这四种神兽来作为镇守四方的神灵，源头还要追溯到原始社会的图腾。

《礼记》说:"如鸟之翔,如蛇之毒,龙腾虎奋,无能敌此四物。"这些神兽所有的种种无敌力量正是处于混战当中的各个部落最渴望的,所以各种氏族部落把它们作为图腾,也是希求能在冥冥之中获得这样的神力,求得它们的护佑。

后来,在部落联合作战的时候,这些神兽因为各具不同的神威,所以被安排到了不同的方位。《礼记》中也有记载:"行,前朱雀而后玄武,左青龙而右白虎。"

四神玉铺首
西汉
茂陵博物馆

这是根据灵兽的勇武和法力进行的部署。

在周代之前的等级制度中，文官尊左，武将尊右，青龙能兴云作雨且德高位重，故为左翼；白虎是凶猛善战的象征，故为右翼；朱雀凶猛善飞，行动迅捷，所以做前锋最合适；玄武有龟壳护体，这是坚硬的后盾。

到了秦汉时代，四神兽组成了固定的体系，作为拱卫天帝的四大方位神，它们也随之成为汉代最为常见的图像之一。

汉代的神仙思想极为浓重，四神兽也几乎无处不在地融入当时人们的日常生活当中。

按照民间的说法，"左龙右虎掌四方，朱雀玄武顺阴阳"，可想而知它们有多忙。

守卫四方驱邪避凶是它们最初的"本职工作"，后来，它们还被视为顶级祥瑞，既要负责保佑帝王江山稳固，也要尽力为民众带来富庶的生活。

所以，铺首、瓦当这样的建筑构件上有它们，博山炉、铜镜、漆器等日常器物上也有它们。

连死后的世界里都少不了它们。

汉代的墓葬当中，四神图像极其丰富，它们在壁

四神云气纹
西汉
河南博物院

画、画像石上奔腾，在漫漫云气之间穿梭，尽职尽责地守护着墓主人的安宁，还要引领他们的灵魂升天。

西汉早年梁王墓天顶的这幅《四神云气图》壁画，大概最接近人们想象当中四神真实的样子。

天空是一片浓浓的赤色，像是落日的血红染遍了天地，四神兽在天空中会集盘桓，气势夺人。

从画面上能够看出，青龙地位最尊贵，长约5米的矫健身体蜷曲成强劲的S形弧线，不同的部位还常常旁

磁涧汉墓壁画上的朱雀和青龙
西汉
洛阳古代艺术博物馆

逸斜出，开出朵朵芝草莲花来。青龙贯穿于整个天顶，搅动漫天的云气滚滚翻腾。

白虎追随青龙而来，仰首张口前肢抬起，做向上攀飞状，两朵细细的莲花从它的耳边延伸出来，别具浪漫。

因为壁画背景一片赤红，所以朱雀在这里也只好变得通体雪白，然而丝毫无损其神异，尤其是尾部拖出长长的一羽，末端竟然绽出两朵云气，轻灵舒展，好一派出尘的高贵面貌。

唯独龟蛇一体的玄武缺席，只有龙须缠着一条白色的"鱼龙"，似龙似鱼，据说这是玄武的变形，原因是墓主人父亲名为刘武，为了避其家讳而改玄武为龙鱼。

中原一带的汉墓壁画特别丰富。西汉后期的卜千秋夫妇合葬墓里也绘有奔放透迤的四神兽，并且阵仗更大，日月当空，云气流逸，伏羲、女娲和神兽列阵行进，庇佑着墓主人缓缓升仙。

汉 马王堆汉墓帛画

楚人的身后世界

在古代，楚人信巫鬼，所以对于魂归何处这件事总是想得很多，也因此发展出一套完备的招魂仪式，期望魂魄能够听到亲人的召唤归返阳间；又设计出一套复杂的升仙导引方法，像在招魂未果之时引导魂魄升入天国。

虽然这些都是活着的人美好的愿望和想象，但古人对此却是深信不疑的，还据此设计了许多仪式和道具，帮助亡魂完成整套程序，顺利飞升天国。

现在，楚地的招魂风俗只在极少数山区还有些微的保留。当年的仪式如何，我们早已无法得知，不过幸好一些古老的道具得以留存，我们现在才能从中窥见楚人乃至整个西汉时期的人对于身后世界的想象是何等神异。

长沙博物馆里的镇馆之宝，正是这样一件用来引魂升天的道具。因为它出土于马王堆汉墓，形状呈T字形，绢帛的质地上画满奇异的图案，所以被称为马王堆T形帛画。

帛画图案繁复，十分精美，但它却并不是一幅供人欣赏的"画"，而是在死者的出殡仪式上被人挂在竹

T形帛画
西汉
湖南省博物馆

竿上、竖在灵前用来"招魂"的东西。在死者下葬后，它又会被覆盖在棺椁之上，帮助亡者的魂魄升天，所以这帛画准确的名字叫"铭旌"。

这件铭旌上的图案实在是丰富，根据不同的场景分为上中下三段，也就是天国、人间和地下三个场景，全面展示了楚人对自己身后世界的想象。

画面的上段表现的是天上的世界，日月生辉，既神异又灵动。

位居最高处正中间的形象，地位自然是最高的。这个人物形象周身缠绕着一条蛇，那团盘卷缠绕的蛇通体赤红，十分抢眼，因为当时使用了矿物颜料，所以这色彩才能历经两千多年仍然新鲜动人。蛇身通体覆满鳞片，用墨线画成，整整齐齐地排布下来，显现出一种奇异的秩序感。

不过，这可不是一条蛇，而是一位大神——烛龙，负责掌管九重泉壤，也就是我们俗话说的"九泉"，自然是要与地下的亡灵在一起了。

《山海经》中记述，烛龙的形象是人首蛇身，所以这交错盘曲的蛇并不是坐骑，而是他的身体。又说烛

龙能呼风唤雨，睁开眼是白天，闭上眼是黑夜，所以在他两侧分别画着太阳和月亮，不知道是不是在映衬烛龙的神力。

人首蛇身的形象看上去虽然并不美观，甚至还有点吓人，但我们的祖先却很乐意把上古大神塑造成这副模样。

比如人类的始祖伏羲和女娲，在已出土的早期作品中也被画成人首蛇身的形象。有学者认为这是因为蛇具有顽强的生命力和强大的繁殖力，并且能够轻易取人性命，而蛇冬眠的习性又被人们当作是死而复生，所以"法力无边"的蛇成为那时人们崇拜的图腾。

烛龙在上天的最高处，日月簇拥在他的两侧。

太阳红彤彤的，正中间站着一只黑鸟，那便是传说中太阳的化身三足金乌。

太阳下方是一条白龙，它的身体周围缠绕着一条盘旋的树藤，其间闪现出没着八个红红的小圆球，那就是住在扶桑树上还没有轮到上天去"值班"的太阳兄弟们。

与太阳相对的是牙浅白的弯月，一只巨大的蟾蜍蹲在月亮的弯弧上，它的左上方还有一只玉兔，云气在它们的身边穿行。

月亮下方也是一条白龙，龙背后有一位女子，望向月亮的方向。这应该就是嫦娥奔月的形象了。

不过，天上的世界并不那么容易进入。

守卫天门的两个护卫虽然看起来一副柔弱文官的模样，但他们身后各有一头通体赤红的豹子，扭头回望的姿势显得凶猛矫健，它们守卫着天界的安宁，准备随时扑向胆敢擅自闯入的亡灵。

往下来，便是人的世界。

这一段比起神物密布的天界和地底来，显得空旷得多，也平静得多。

画面中间有一段白色的"平台"，正中间有一位体态略显臃肿的妇人，比其他形象都要高大，这就是墓主人。

这位披锦着绣的女性背微驼着，可见她上了年纪。她的服饰很讲究，宽袍大袖，裙裾曳地，正是汉代贵族的装束。服饰的面料看起来极为华美，红、白、紫诸色交杂，云气流动。

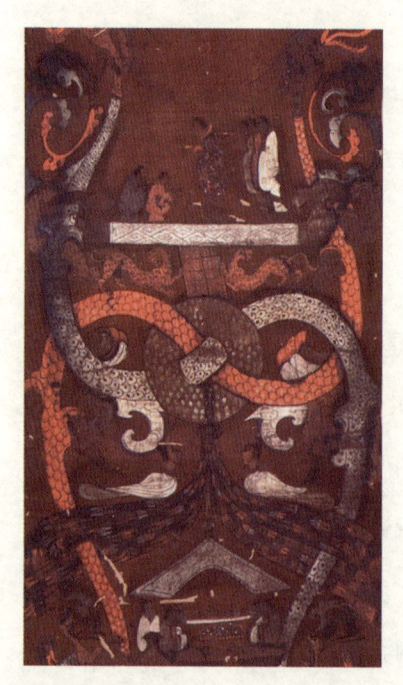

她的后面有三位侍女相随，前面有两人跪迎，前呼后拥，地位可见一斑。

根据墓中出土的其他随葬品和印章上的文字考证，这位妇人名为辛追,是当时的长沙国轪(dài)侯利苍的妻子,去世时大约五十岁。从画面来看,倒是极为准确地表现出她显赫的身份和去世时的年龄。

她此时所站的地方也很不普通。这块白色的"平台"由双龙守护,龙身穿璧交缠,一赤一白。

巨大的璧上支起一段柱桩,两头赤色的豹子一左一右扶着柱桩,辛追便由这些异兽护卫着走向了另一个世界。

她倒是很平静,一点也没被这些奇特的猛兽吓到。大概经历过生死,其他一切也就不在话下了吧?

巨璧下拴挂着巨大的彩穗,穗尾两侧分开,既像是彩色的幕布,又像是神鸟绚烂的尾羽。两个人首鸟身通体洁白的神人一左一右伏在彩穗上,辉煌华彩,飞舞升腾。

再往下来,就是地下的世界了,这是一处巨大的厅堂,地面上摆着鼎、壶等器物,再远一些可以看到一个内室,室中还有一个小案,案上依稀可见装酒的羽殇。案两侧有人相对拱手,这可能是表现祭祀墓主人的场景。

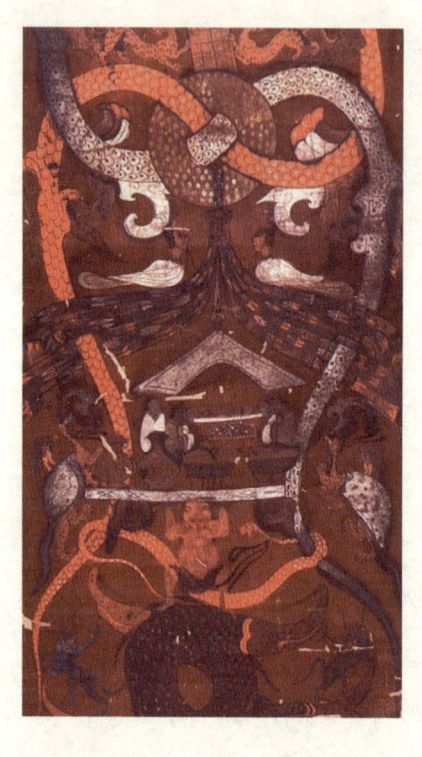

这地下的世界更加幽微难测。

一个力士双手托起大地，大地很沉重，所以他还得用头顶着。

力士的脚下踩着两条巨型怪鱼，因为受力太重，两鱼的身体都弯成饱满的半圆弧，相互交错组成一个圆形，显得力道十足。

鱼尾上还有奇怪的动物，头上长角，身后拖着细长的尾巴。鱼的上方又是一条红色的蛇，把中间一红一白两条巨龙的尾巴勾连到了一起。它们的外侧还有巨龟一样的怪兽，龟身上站着大鸟。

传说当中，世界就是由这些异兽辛苦努力地驮着，才不至于坠入到无底的黑暗地府里。

这些怪兽的形象虽然极尽想象和夸张，但仔细看来，每一种都可以找到现实的影子，可见古人创造神灵也不是完全凭空想象，而是"源于生活，高于生活"的。

　　马王堆汉墓出土的铭旌还不止这一件，辛追儿子的棺木上也盖着类似的一件，更可知这是楚人的习俗了。

　　想要灵魂飞升需要做的还有许多，光有铭旌显然

马王堆一号墓彩绘漆棺外壁

"法力"还不够。

亡者的巨型棺木便像是那个世界的入口，彩绘的漆棺上云气升腾，龙蛇穿梭，神怪出没，好一重异世幻境。

看来，墓主人已经为她飞升到天际做好了一切准备。

不过有趣的是，即使魂归天际，墓主人也不愿意放弃人间的荣华和享乐，所以从墓主人的陪葬品来看，你会发现她对人间的烟火是多么留恋。

所谓锦衣玉食，先来看"衣"。

楚地早在春秋战国时期就是蚕桑重地，丝织品种类极为丰富：绫、罗、绸、缎、绮、锦、绢、纱、缣……珍贵难得的丝织品还会被施以重工，通过印染、敷彩、贴花、织绣等技艺，让丝织品上铺满茱萸纹、方棋纹、火焰纹、祥云纹，锦绣繁华无以复加。

不过，更让人惊异的却是一件"罩衫"——素纱禅衣，它由单层的素纱平织而成，非常轻薄，几乎完全透明，专家考证这是专门罩在锦袍外的，除了增添一层微颤的流光以外，再没有其他更实在的用处。不过，就这似有若无的一层，却是真正的神来之笔，它有光一般的流丽和美好，而它的轻、薄、透，连现代科技费尽心力也仍然无法复原。

作为女性，墓主人的生活还要更烦琐一些，因为她还有一项重要的日课——化妆。只看一样东西，便可想而知两千多年前的楚国女子，是何等在意容颜。

墓中出土的彩绘漆奁，有很多还是双层的，由一个大漆盒当中装着几个大小、形状各异的小漆盒。所有漆盒外部都通体施以朱漆的云气纹，这也是汉代最

素纱襌衣
西汉
湖南省博物馆

生动、最流行的纹样。不得不说现代的国际大牌彩妆盒在这位丞相夫人的装奁面前，也只能黯然失色。

玉食更是含糊不得。

马王堆汉墓中出土的漆器共有约 700 件，用来喝酒的耳杯就占了一半，此外还有大量的壶、钫、卮，都是盛酒水的器物。这些酒器的容量相当惊人，小的卮和耳杯单位都以"升"计，一升的漆酒卮算是最小的，大的可达七升以上；作为酒杯的耳杯，最大的容量竟达四升之多。至于更大一些的钫、壶等物，则是以斗来计量了。

有美酒必定有佳肴，所以漆盘和漆食盒也都成套成组，有些大盘的直径超过 50 厘米。

美酒佳肴如果只是自己享用似乎还差了一点兴味，所以许多漆盘和耳杯的底内写着"君幸食""君幸酒"的字样，便是热情地招呼来宾吃好喝好的意思了。

现在湘菜的口味比较浓烈，像是自带着一股沸腾的热情，也确实很适合热热闹闹的聚餐，这或许正是当年留下来的传统。

对于"食"，马王堆汉墓不仅提供了让我们追忆和

"軑侯家"云龙纹漆盘

"君幸食"狸猫纹漆食盘

想象的器物，更给出了鲜活具体的证明。

就在马王堆汉墓刚被发掘出土时，考古人员在打开某个漆盒的一刹那，发现了形状还保持得格外完好的莲藕片，仿佛是新鲜出炉的一样；更令人震惊的是，女主人的食道及肠胃里竟然还保留着尚未消化的甜瓜籽！

有酒有食才勉强算是满足了人类一半的基础需求——口腹之欲，还有一半就要靠各种各样的娱乐活动了。古人的主要娱乐是赏乐观舞，种类丰富的丝竹管弦里，依稀还缭绕着当年的旋律。如果还想玩得更放松更畅快一些，流行的六博棋必不可少。

这是一种掷采行棋的游戏，因使用六根博箸，所以被称为六博。这种游戏据说在商代便有了雏形，春秋战国时期便极为流行了。

到了秦汉时期，上到天子百官下到平民百姓都迷恋玩六博，所以在长沙这样人口众多的重镇，这种全民游戏也极为风靡，连去另一个世界都不忘了要带上它。所以纵然马王堆的宝物如山，这件六博棋盘仍然显得那么必不可少。有了实物为证，两千多年前的人们沉迷六博游戏难以自拔的状态也一下子就在我们眼前生动起来。

还有出行,也得风风光光。当时人们的出行工具主要靠马,马王堆汉墓出土了不止一部《相马经》,可见宝马香车在两千多年前就已是"标配"了。《车马仪仗图》帛画中队列齐整、气势如虹的阵仗便是明证。

即便已经这样周全了,讲究的墓主人仍然不愿到此为止。

为了更长久地享受现世的美好生活,他们还很注重养生保健,马王堆汉墓里不仅有《养生经》《杂疗方》等,更有图文并茂的"运动操"——《导引图》,呼吸吐纳、肢体运动、器械运动等一应俱全。

博具
西汉
湖南省博物馆

不得不佩服楚人如此丰富多彩的生活。所以，纵然马王堆汉墓展现的那一重未知世界如此奇特，却看不出什么悲惨凄切的氛围，也看不到多少恐怖怪异的形象。我们看到更多的，一面是奇谲瑰丽的想象世界，一面是热气腾腾的现世生活。

用这样平静而充满好奇的心态去想象另一重世界，古时的楚人，倒真是别具浪漫了。

汉

武梁祠画像石

刻在石头上的百科全书

一说到中国画，我们第一反应是卷轴画，也就是用矿物颜料或水墨画在绢帛或者宣纸上的画。由于帛、纸这些载体比较脆弱，很容易损坏，所以需要妥善保存。但即便我们小心翼翼地呵护，这些材质的"寿命"也有限，有一句老话叫作"绢寿八百，纸寿千年"，到了一定的年限，这些材质本身也就会酥脆甚至散碎了。

正是这些原因，使得我们极难看到千年以上的卷轴画，但这并不意味着我们看不到更加古老的图画，因为有一些画作，远比画在绢和纸上的要坚固得多，也要厚重得多。有了它们，我们甚至可以清晰地看到大约两千年前汉代的社会风俗、世态人情。

因为这些是画在石头上的绘画，这些石头就被称为画像石。

汉代并不是没有其他绘画载体，绢帛、漆器、铜器等器物上都有丰富的图案，此外还有大量的壁画。但当时的人们用石头来雕刻这些作品，是因为这些画像石并不是用来给尘世的人们欣赏的，它们的用途很固定也很单纯——墓葬，人们看中的是石头坚固耐久的性质，而不是为了追求视觉上的绚烂。

　　画像石多半被安置在地下，大量地砌筑在墓室内，也有些用来装饰石棺椁，地面建筑中少量的石阙、石祠堂装饰中也可以看到画像石。

　　画像石的雕刻方法也比较简单，有些是直接用线刻出图案，称为阴线刻；有些是刻出图案后再凿掉多余的石地，图案上再用线勾画，称为减地加线刻；还有些是很浅的浮雕。毕竟刻石的工程量比较大，也不是为了让人欣赏画面的美，所以这些石头上的图画都很"薄"，看不到高浮雕效果的作品。

　　这样的墓葬装饰画在当时很受欢迎，所以今天在全国许多地区都有大量的发现，其中山东是画像石分布最广泛的地区。在汉代，山东的经济和文化在全国都名列前茅，因此就有更多的家族能够负担这样的大工程。

　　作为汉代内容最丰富的画作，画像石上既可以看到现实当中的生产生活场景，也可以看到大量的历史人物、历史故事、神话形象，真像是一部百科全书。可以说只有我们想不到，没有画像石刻不到。

武梁祠画像石西壁（拓片）

东汉

山东嘉祥武氏墓群石刻博物馆

武梁祠画像石东壁(拓片)

山东省济宁市嘉祥县的武梁祠从画像石的规模、内容和技法表现等诸多方面来看，都堪称汉代画像石当中的杰出代表。

祠是一种特殊的建筑，产生于汉代，是同族子孙用来祭祀祖先的处所。武梁祠属于嘉祥武氏家族祠中的一座，建于公元 147 年。汉末桓帝时期，武氏家族世代为官，但武梁却是一位拒不出仕的隐者。

武梁祠的规模其实很小，面阔 2.4 米，进深 1.4 米，只有三面墙和一个屋顶，围成一个简单的小空间用来摆放祭品，画像石就分布在祠堂的墙壁上。

根据现在流传的武梁碑碑文来看，墓主人武梁认为当时的政治腐败不堪，所以拒绝了政府的邀请，逃离政坛以保全自己的清白。不过，虽然隐退江湖不出仕做官，但武梁却心系朝政，所以他一方面对清明的政治充满了期待，另一方面也忧心腐败的政权，并且表达了自己的不满。他的所思所想，也就体现在了对画像石题材的选择上。

表现神仙、先贤、日常生活的画面，在画像石上呈带状分布，也有基本相同的"格式"。

最上面的一层是神仙世界，西王母和东王公端居正中，这两位是汉代民间流行的崇拜对象，两位大神分列东西两壁墙顶的三角形山墙上，他们的周围环绕着羽人、九尾狐、青鸟、玉兔这些祥瑞随从。想来武氏家族自然希望在神仙的护佑之下获得平安昌盛。

神仙下方则是人世。

为了区隔出不同的主题和时空，当时的建造工匠们使用了将菱形纹和联弧纹样有节奏地一字排开，巧妙地将天界与人间分隔开，看上去像是舞台上方的帷布，人间舞台上正演出着一幕幕精彩的戏剧。

第一排是古代帝王。从传说当中人类的始祖开始，这是人首蛇身交缠在一起的伏羲和女娲；接下来是黄帝、神农以及尧、舜、禹，这是传说中"三皇五帝"的理想世界；再接下来便进入了王朝。

在设计这些帝王形象的时候，工匠很费了一番功夫。表现明君的形象倒显得有点"雷同"，只有神农和大禹看上去是劳动者的形象，其他帝王都头戴冠冕，区别并不太明显。但昏君的形象就别具想象力了，尤其是著名的亡国之君夏桀，他骑坐在两名宫人身上，很巧妙地体现出他的残暴和昏庸。

　　紧接下来的一排是孝子烈妇,这是人世的榜样。每个故事旁边都刻了字,我们也就可以比较准确地辨认出内容了。其中有不少是"二十四孝"当中的著名场景,比如老莱子、闵子骞、董永等等。汉代是极为推崇孝道的朝代,二十四孝当中不少故事也正是在此时被收集流传,各地的画像石当中也经常会表现孝亲敬老的场景。

　　对当时女性的教育也不放松。这里表现的要么是保持节义的女性,要么是抚养孩子的寡母,目的无非是为了让女性保持名节,尽心抚养儿子,保证家族人丁绵延兴旺。

　　每当子孙后代祭祀先辈时便要集体接受一次"思想

三皇五帝和北斗星君(拓片)

大禹石刻和拓片

道德"的全面教育，先辈的用心实在是良苦啊！

不过，下段的场面就不再是一本正经地说教了，表现的都是春秋战国时期最惊心动魄的历史故事，也是武梁祠画像石中最丰富的题材，比如专诸刺王僚、聂政刺韩王、荆轲刺秦王、蔺相如完璧归赵等等，体现的都是刺客义士的大义和智慧。

在当时，民间对这些故事极为熟悉，所以工匠在细节上也能做到准确传神，即便没有文字标明这些人物的身份，大家也能毫不费力地辨认出来。

比如我们最熟悉的燕国刺客荆轲刺杀秦王的故事。

画面表现的是图穷匕见，刺杀计划败露之后的场景。随荆轲一同前来的勇士秦舞阳早已吓得魂飞魄散，画面上匍匐在地不能动弹的就是他。这时候，侍卫围上来紧紧抱住荆轲，刺杀眼看就要失败，荆轲奋力最后一搏。

头戴冠冕的秦王为了躲避荆轲而仓皇疾走，边走边回头，生怕荆轲追杀上来；荆轲早已怒发冲冠，无奈此刻无法脱身，只能用尽全身的力气投出了匕首，可惜匕首没能刺中秦王，只直直地穿透了木柱。

荆轲的侠义勇猛、他的热血无畏，实在打动人心，直到两千多年后的今天，我们在看到这个场景、讲到这个故事的时候仍然像是身临其境！

其实画面达到这样的准确度和感染力，已经算得上是汉代图画当中的杰作了。不过，画面上还有更精妙的地方，它让故事显得更加完整，也让勇气和牺牲精神得以升华。

武梁祠画像石 | 151

荆轲刺秦王石刻和拓片

如果你仔细看，会发现画面中的地上有一只打开了一半的匣子，匣子里露出的是一个人的侧脸，这是逃到燕国的秦国将军樊於期的头颅。由于叛逃到燕国，秦王杀死了樊於期全部家人，并且悬赏千金捉拿他。苦于大仇难报的樊於期得知燕国太子丹有意刺杀秦王，只是没有"见面礼"无法接近秦王，于是毫不犹豫地自尽献出头颅，让荆轲带着它与地图作为献给秦王的礼物，这才让刺杀秦王的计划有了实施的可能性。

有了这只匣子，整个故事的前因后果也就交代得格外完整充分了。

武梁祠的画像石上这样的细节很多，因为生动丰富，所以也就别具感染力。

忠孝节烈、侠义牺牲，虽然这些品质在不同的时代内涵不尽相同，但描绘它们的故事在画像石上绵延铺排，千年不朽，这正像是我们民族的精神画卷。

画像石的内容远远不止这些，除了说故事、讲道理，更多的还有展示生活方方面面的场景，车马、出行、宴饮、歌舞、百戏、建筑、射猎乃至农业劳作等等，无所不包，堪称展现汉代人物质和精神世界的百科全书，当然也展现了汉代人别具趣味的审美和高超的艺术表现力。

比起色彩绚烂的壁画或者制作精美、材质华贵的玉器、漆器等，画像石显得太过质朴单调，不过，或许让你感到意外，鲁迅先生却对画像石不遗余力地大加赞美。

鲁迅先生认为美术表现的是一个国家的精神和灵魂，而画像石"气魄深沉雄大"，展现的正是汉代雄迈豪放的民风，是我们中华民族获取生命力的重要养分。

他不仅赞美画像石，还收集画像石的拓片，并且进行了深入的学术研究，其中也包括武梁祠的画像石拓片。

鲁迅先生不仅是伟大的文学家，还是位极有建树的"设计师"，他设计过大量图书、期刊的封面和标徽，而画像石拓片，正是他设计灵感的重要来源。

汉 熹平石经

刻在石头上的官方教科书

古代的学生大概比现在的学生要幸福得多，因为考试科目少，最重要的是一门"作文"；他们要学习的内容也少，从小到大，不管参加哪个级别的考试，"教材"都是一样的，至多也就只有十几部。

这还不算，古代最高级别的"统考"——会试，还是全国统一命题、统一"录取分数线"，实在是不能再公平了。

怎么样，你羡慕古人吗？

先别急着回答。古时候会试的级别比现在的高考要高得多，难度也大了不知道多少倍。

会试是由中央组织的高级选拔考试，三年才举行一次，在考试中胜出的人就可以稳稳地获得官职，从此走上一条相当有前途的光辉大道。

每一次得中进士的人数都极少，不过两三百人，所以能够进士及第，其难度远超考上北大清华。

会试也不是你想考就能考的。必须先在乡试（也就是省级考试）里中举，所以实际上古时候的许多读书人一辈子皓首穷经，甚至连应试的资格都没取得。

正因为科举关系重大，所以国家也就极其注重制定科学、公正、严格的科考制度。

第一步,就要从教科书抓起。

既然是全国统一的考试,那就必须使用全国统一教科书。

古代的科举考试的出题范围全在国家审定的儒家经典当中,最后还被严格限制在"四书五经"的范围内,所以并不需要画重点。

对于读书人来说,教材是统一的,题目也是统一的,这下子大家无话可说了吧,但事实上,有一个问题却被忽视了。

如何才能保证每个读书人看到的教材,都是准确无误的呢?

因为在古代没有国家统一编订印制的教材,读书人都要自己准备,当时的印刷技术也跟不上,所以早先只有手抄本。但这么大的文字量,抄的时候就会有大量笔误,所以,搞到最后许多读书人根本不知道正确的是什么了。

每个人都根据自己手上错误的版本理解经典,这不是会耽误大事吗?所以国家决定出台一套官方的教科

熹平石经残石
东汉
洛阳博物馆

书范本，供天下人核对，以正视听。

范本确定了，但要避免在流传过程中又产生错误，还要保存得足够久，并能让足够多的人看得见，所以刻在石头上大概是最保险的办法了。

这些刻在石头上的官方经典"教科书"，被称为"石经"。

不得不说，中国是个极其重视教育的国度，所以石经很早就有了。

我国已出土的最早的石经出现在东汉末年，当时虽然还没有规范的科举考试，但进仕做官、经邦治世早已是读书人的理想和要务，他们所读的书，最重要的就是"儒家经典"。

于是，为了方便读书人，汉灵帝便派当时的大儒蔡邕等人进行考订，再抄录、凿刻。

石经的内容包括儒家的七部经典《诗经》《尚书》《周易》《春秋》《公羊传》《仪礼》《论语》。

幸好古代的文字都言简意赅，七部经书一共刻了四十六块石碑，每块3米多高、1米多宽，历时八年。

由于是在熹平年间完成的，所以被称为"熹平石经"。

石经刻成后就立于当时的国立大学——太学门前，天下学子们纷纷来太学前抄录核实，他们终于有了统一的教科书。

不过，此时正逢东汉末年时局混乱，石头纵然坚固，在乱世里也显得极为脆弱。

七年后，董卓之乱爆发，十八路诸侯共讨董卓。董卓挟持献帝西迁长安，临行前大肆烧掠，洛阳城周围二百里内尽成瓦砾。兵火下的洛阳城生灵涂炭，一片狼藉，连石经也被严重焚毁，十不存一。在此后漫长的岁月里，熹平石经流落于民间，最后又散到了世界各地。

现在，大家视熹平石经为至宝，当然不是因为它的"官方"和"规范"，而是因为它的书法。石经上的文字传为蔡邕亲书，他是当年超一流的国手，他的书法平正雍容、方整浑厚的气度，正是汉隶成熟期的典型。

当然，天下只要还有读书人，官方教科书的颁布就不能停。

到了三国曹魏时期，又刊刻了"正始石经"。"正始石经"又称"三体石经"。这个"三体"不是科幻小说，而是指碑文上的每个字都是用古文、小篆和汉隶三种字体写的。并且，使用三种字体，作为载体的石碑就需要三倍的体量，看得人更是眼花缭乱。不过这倒为我们后世留下了一部宝贵的书法材料。

一定是因为"三体"的工作量太大，所以正始石经只刻有《尚书》《春秋》和部分《左传》，这作为教材，内容实在是太少了。

石经的颁刻除了给读书人以标准，当然更是国力的象征。

到了唐文宗开成年间，又有了"开成石经"，这一次颁刻典籍的篇幅大大增加，一共刻了十二部，分别是《周易》《尚书》《诗经》《周礼》《仪礼》《礼记》《春秋左氏传》《春秋公羊传》《春秋穀梁传》《论语》《孝经》和《尔雅》，一共用了114方巨石，正反面一起上阵，这是何等的工程量啊！

唐代科举已经完备，这些教科书发挥的作用相当大。

正始石经残石（局部）
三国
洛阳博物馆

正始石经拓片

后来，又有五代十国后蜀孟昶主持刻行的"广政石经"、北宋仁宗的"嘉祐石经"、南宋高宗的"御书石经"与清乾隆的"乾隆石经"。

好大喜功的乾隆皇帝刻石经也要超过前代，乾隆石经在唐代开成石经的基础上补上了《孟子》，形成了"十三经"。

这是历代儒家经典碑刻中最后一部石经，也是最为完整、规模最大的一部。这部石经于乾隆五十六年动工，到了乾隆五十九年就完成了。在当时的生产条件

开成石经
唐
西安碑林博物馆

下,这个速度称得上是很快了。

不过,石经刻完了并不意味着工作就结束了,还要不断勘误、修订,如果发现错字,只能把原来的字磨了重刻,比如嘉庆、光绪年间曾两次修订乾隆石经。

毕竟是官方正版教科书,一定要精益求精,不能误人子弟啊!现在,乾隆石经还存放于北京的国子监。

随着延续了一千多年的科举制度被废除,十三经也不再是唯一的考试范围了,后来的西学东渐、中体西用,改变了整个教育和考试制度,这些石经就成了历史。

不过,现在我们要学的内容,比起石经来可要多得多了。尤其是理科,实在让人有点头大。

突然想起一个有趣的段子:

"人被逼急了什么事都做得出来吗?"

"数学题恐怕不行。"

哈哈,也许古人并没有这个烦恼。

北魏

云冈石窟

一部佛陀的汉化史

说到宗教艺术，西方最集中的体现就是教堂，而在我们中国，毫无疑问就是石窟。

开凿石窟便是要在石头上做出大文章，可想而知工程量有多么浩大，花费有多么惊人。这还是其次，关键是并非所有的地方都适合开窟造像，开凿石窟的工程受外界条件的影响很大，所以也就不难理解为什么石窟的数量远不能像教堂那样遍地开花。

历朝历代，心存宏愿想要开凿石窟彰显佛法的高僧还是不少的，但最后真正能付诸行动并且能完成这项伟大工程的，实在是寥寥无几。

想要开凿出一个大型石窟，天时、地利、人和，一样都不能少。

天时就是时代背景。

我们知道历史上有许多皇帝是极其笃信佛教的，除了满足个人内心的需要，更重要的是为了江山的稳固，所以佛教常常被封建统治阶级利用，而一旦有帝王认为它对统治不利，又会毫不犹豫地禁绝。

历史上曾发生过四次严重的灭佛运动，分别是在北魏太武帝、北周武帝、唐武宗和后周世宗时期。

即便没有皇帝禁绝,那些兵荒马乱的年代,显然也并不是开窟造像的好日子。

地利,就是解决选址的问题。

开凿石窟的目的首先是要供佛教徒自己清修,自然不能在闹市,而多在山水清静之地。当然,历朝统治者更重要的目的还是为了通过弘扬佛法来安抚人心,从而稳固自己的统治。因此地点也需要便于信徒朝拜,不能藏在深山老林里,而要选择交通相对便利的地方。

从更现实的角度来说,完成一座石窟常常需要大量的工匠经年累月的劳动,所以这个地方必须能够为工匠们提供基本生活保障,那么水源就是最起码的条件。

地点清净、通行便利、有水源,这样的地方似乎不算太难找,但毕竟是开凿石窟,所以最重要的是得有适合的石头。

石窟一般开凿在山石崖壁上,太硬、太软的石头都不行,石质最合适的是砂岩和石灰岩,这下就又刷掉了一大批地方了。

正所谓,天时不如地利,地利不如人和。这句话在

云冈石窟第 20 窟造像
北魏
大同云冈石窟

开凿石窟上也同样适用。

人和，说到底就是钱的问题。

开凿石窟是需要大量人力的大型工程。我国现存的石窟开凿的时间大多极为漫长，绵延数个朝代，想要统计其花销几乎是不可能的，只有几个石窟略有记载，比如：云冈石窟大略有十万余工匠参与；龙门石窟的宾阳洞一个洞窟就用工八十余万个，历时二十四年……

庞大工程产生的巨大花费自然需要有实力强大的"供养人"支持。皇室当然出手不凡，比如武则天一口气为龙门奉先寺豪捐两万贯；接下来就是王公贵族和官吏们，他们为了求得神佛护佑也不遗余力。有些供养人有钱有势、财大气粗，于是为自己在神佛身边争得了一点空间，得以留下自己的样貌和姓名；数量更多的还是普通信众，他们虽然没那么多钱，却有同样的虔诚，他们的供养时常是倾囊而出的，靠着一个又一个铜板，期望为自己的来生铺垫出一条通往佛国的路。

在当时人们的心中，石窟和神佛为供养人提供了来世的允诺，而供养人则为石窟提供了现世的基石。

北魏鲜卑族统一北方之后，公元460年，一个名叫昙曜的僧人找到了当时的文成帝拓跋濬，一切条件都具备了，可以开凿动工了。

其实就在这不久之前，北魏的太武帝拓跋焘在全国推行了一场声势浩大的灭佛运动，昙曜只能压抑着自己传扬佛教的热情，暂时避开风头。到了文成帝继位，这位狂热信奉佛教的新皇帝让他看到了希望。

据传说，新帝继位后，历经磨难的昙曜回到都城平城，也就是现在的大同。大概真是"上天注定"的吧，他恰好遇到了出行的文成帝。文成帝的一匹御马一口就咬住了昙曜的袈裟，在当时出现这种情况，有一种说法叫"马识善人"，于是这位善人惊动了皇帝。皇帝发现这位大德高僧不仅是自己父亲生前的好友，而且还有开窟造像的宏愿，于是后面的事就顺理成章、一拍即合了。

一个不平凡的人，注定会出现在一个不平凡的时代，并且干成一番不平凡的事业！

历史上这样的故事有很多。

在太武帝灭佛时备感压抑憋屈的昙曜，或者说是佛

19 窟耳洞坐佛

（董力男/FOTOE）

教，终于在文成帝这里找到了"光复"的机会。

压制越严重，反弹越厉害。云冈石窟最先开凿的就是整个石窟中规模最大的佛像，也就是现在的第16窟至20窟。昙曜为此不遗余力，像是生怕皇帝会后悔似的。

这五座巨大的石窟，被称为"昙曜五窟"。

其实昙曜根本用不着担心皇帝会后悔，因为这五座大佛，完全是在皇帝的授意之下设计开凿的，代表的正是北魏的五位皇帝。其用意，无非是向世人传达"皇帝即当今如来"的意思。

五窟主像分别对应五方佛，第16窟是东方阿閦（chù）佛，17窟是南方宝生佛，往后几窟依次是西方阿弥陀佛、北方不空成就佛和中央毗卢遮那佛；而在现世，这五"如来"则依次是北魏道武帝、明元帝、太武帝、景穆帝和文成帝。

昙曜五窟的主佛身形宏伟雄健，每一尊都超过13米高，最高的达17米，尽显威严庄重的皇家气派。

有学者认为连这五佛的面目也都参考了五帝的容貌，尤其是对应文成帝的第20窟佛像面部及足部有黑

18窟的胁侍菩萨及弟子

（董力男/FOTOE）

西域外貌的造像

色斑点，更被认为与文成帝的真实情况相合。不过，这个说法其实是很牵强的，毕竟昙曜来自西域古国，所以在造像时受印度佛像的影响很深。

在昙曜的主持之下，佛像比较严格地遵从了佛像仪规，即佛有"三十二相，八十种好"，也就是说佛陀具有三十二种特殊的相貌，还有八十种细微的特征，比如头顶上有肉髻，眉间有白毫，两耳垂肩，立时双手过膝等，当然还有面门圆满、双眉高朗、鼻孔不现等庄严的法相。

除此以外，这个时期的佛造像大多穿着袒露右肩的袈裟，这是印度佛像的典型装束；佛像的容貌也具有明显的西域风格；佛周围的飞天手持的乐器更是一派西域风情，常见的有筚篥（bì lì）、埙、排箫、横笛、琵琶、胡笳、钹、齐鼓、箜篌等。

云冈石窟早期的佛像造像风格雄俊端方、颜貌舒泰，佛像面容大多是高鼻深目的西域长相，外来特征如此浓郁，多少显得不那么"平易近人"。所以到了后来，人们就开始向慈悲祥和的方向来对佛像进行"改造"。

对于云冈来说，昙曜五窟只是个开始，云冈的铁凿石锤一旦开动，便不会轻易停下来。

在公元494年孝文帝迁都洛阳之前，云冈石窟的开凿之风鼎盛。不仅洞窟的形制发生了变化，出现了更加汉化的前后殿堂式，最重要的是造像形象出现了南朝秀骨清像、褒衣博带式的法相，并且成为一时的风尚。

孝文帝迁都洛阳以后，中原汉族的影响越发深入，孝文帝也推行了一系列汉化改制，其中一个重点就是改穿汉服。这样的变化也体现在佛像造像上，从袒肩露膊的西域样式入乡随俗地换上了中原士人褒衣博带、宽大厚重的袍服样式。这样一来，佛教的异域性大大弱

10 窟顶的莲花

化,而民族性大大增加,越来越典雅而富有人情味了。

当然,也正是这种彻底汉化了的释迦牟尼佛祖,此时才真正与皇帝"合一"。

云冈石窟的建造是世界佛教造像史上一次划时代的变革,其中显现的,既是北魏帝王无可比拟的自信,也是中华文化吸纳万有的包容。

从公元460年到公元524年,云冈开窟不断,现存主要洞窟53座,凿刻石像51000余座,这些洞窟和佛像在山西大同武州山的南崖上绵延一公里,壮观雄奇。

隋

虞弘墓石棺

一个外国人的棺椁上，到底藏着些什么？

山西博物院的藏品中，有一座隋代汉白玉石椁被视为镇院之宝，原因就在于这座石椁上密布着极不寻常的浅浮雕。

这些浮雕大致有50多幅单体画面，它们穿插组合成丰富的场景，包括宴饮、乐舞、射猎、家居、出行等等。图案的精美生动倒还在其次，有趣的是画面上的所有人都是清一色的高鼻深目，显然全是外国人；他们的服饰、用具、乐器也都是一派浓浓的西域味道，这就相当罕见了。

这件棺椁的主人名叫虞弘，他先后在我国的北齐、北周、隋三朝为官，历任直突都督、轻车将军、凉州刺史、仪同大将军等职，官职都不算低。

为什么他如此"崇洋媚外"，连自己的棺椁上都要表现异域风情呢？

因为，虞弘是个地地道道的外国人。

从墓志来看，虞弘是"鱼国"人。

对于这个神秘的"鱼国"到底在哪里，现在学术界还没有定论，不过虞弘的粟特人身份是确定的。

当年的粟特人大致的活动范围在现在中亚的塔吉克

虞弘墓石椁
隋
山西博物院

（杨光斌 / FOTOE）

斯坦与乌兹别克斯坦境内，首都位于今天乌兹别克斯坦的撒马尔罕，这是丝绸之路上的枢纽重镇，所以很早就有粟特人往返东西进行贸易活动，有些粟特人也慢慢留居在了中国。

南北朝时期，北方聚集了大量西域各国的外来人口，粟特人正是其中之一。经过长久的冲突与不断的融合之后，粟特人汉化程度比较深，渐渐也被汉人接受，尤其在民族大混居、大交融的南北朝时期，连统治者都是少数民族，这种外国人在朝为官的现象自然也就很平常了。比如"安史之乱"的祸首安禄山、史思明，都是粟特人。

根据墓志所载，虞弘十三岁作为使者出使波斯，十八岁出使北齐来到晋阳，也就是现在的太原。

太原在春秋时期便已建城，称晋阳邑，后来就长期成为北方政权的都城。战国时期的赵国最早就曾在这里定都；后来的东晋十六国时期，这里又成为前赵、后燕、前燕、前秦的国都；南北朝时期的北齐又选择太原定都。所以虞齐也就在这里定居下来，直至离世。

由于当时北方政权更替很快，虞弘这位粟特人也就历经了北齐、北周、隋三朝，只可惜他并不太长寿，否则他如果能坚持到唐代，一定能看到更多的"家乡父老"从西向东，经过丝路来朝大唐的盛况。

虽然虞弘汉化得很彻底，连自己的入葬方式都遵从着汉族传统，使用棺椁，入土为安，而没有选择西域粟特人传统的天葬。但虞弘对家乡的眷恋依然在最后的时刻进行了最大的保留，所以石椁上浮雕的人物全是西域的样貌。

国王总是很英武,气定神闲地猎狮。

每一个细节都需要仔细又仔细,否则就会错过太多精彩。

(杨光斌 / FOTOE)

石椁雕刻的正中间是男女主人帐中欢宴的场景，面积最大，气势最盛。男主人胡须整齐、气度高贵，头顶波斯日月形的头冠，女主人则头戴花冠。身边是卖力演奏的乐师和身姿灵动的舞者。舞者双臂上下翻飞，一条飘带随之飞舞，看上去应该是在跳胡腾舞，这正是粟特人最擅长的舞蹈之一。

再下面一层的图像比较血腥，是狮子与人殊死搏斗的场景。狮子张着血盆大口已经吞下了角斗士的整个头颅，角斗士则用武器深深刺穿了狮子的身体，看上去应该是个两败俱伤的结局。

周边的石刻则主要用来展现男主人的雄风，大致有骑射、猎狮、华盖出行等不同的场景。画面上的人物形象身份各异，有些人物带着项光，身后甚至还依稀有翅膀的形状，看上去像是天上的神人。

雕刻画面里的动物形象极为丰富生动，大象、骆驼、狮子、鹿等都是中亚和西亚一带常见的动物；还有类似凤鸟形象以及飞马身体鱼尾巴的异兽，在祥云之间穿梭飞动，让人分不清到底是天国还是人间了。

在山西博物院，类似的"外乡人"还有许多。有一组七人的北魏胡人杂技俑,其中一人额上顶着一根长杆,杆上还有两名身轻如燕的童子一上一下进行着惊险的表演,旁边围观的诸人正打着拍子大声喝彩。

山西博物院里的异域风情还不止这些。

这里收藏着一些北魏时期的金银器和玻璃器,它们来自波斯、大夏(阿富汗)等不同地域,展现着不同的

杂技俑
北魏
山西博物院

这几位身怀绝技的杂技演员也是胡人。

风土人情。这些都成为我们和中亚古国交流、沟通最生动丰富，也最真实具体的史料，我们中华民族开放包容的胸怀从中清晰可见。

从虞弘的石椁上，以及这里的胡人俑等零星的外国器物上，我们也已经可以预见到即将到来的大唐，将会是何等海纳百川的气度了。

唐

龙门石窟

佛、罗汉、菩萨、天王、力士，都到齐了！

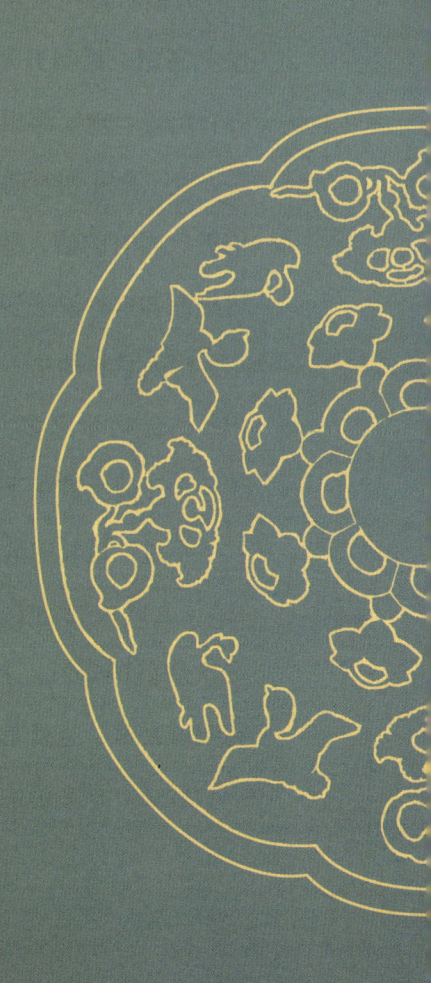

佛教在东汉时期传入中国后，很快站稳了脚跟，获得了广泛的群众基础，尤其到了战乱频繁的魏晋南北朝时期，上至王室贵胄，下至贩夫走卒，都成了佛教的踏实信徒，于是全国上下兴起了修建寺庙、开窟造像的热潮。

开凿石窟在北方尤为兴盛，比如前秦时期开凿的敦煌莫高窟、后秦开凿的麦积山石窟、西秦开凿的炳灵寺石窟等，规模都相当可观。

到了南北朝时期，北魏统一了北方地区，更加推崇佛教。当时的僧人造出的舆论就称皇帝是当世的如来，可想而知这种说法多么符合皇帝的喜好。

出人意料的是，由于信佛出家的人太多，以至于僧侣、寺院数量之多、势力之大，甚至影响到了国家的统治，于是太武帝下令灭佛。

不过，短暂的禁绝和破坏之后却是更加狂热的"反扑"，太武帝的儿子孝文帝登基以后，建庙开窟迎来了一次空前的爆发。其中规模最大的，就是当时位于北魏都城平城，也就是现在山西大同郊外的云冈石窟。

后来，孝文帝推行汉化改革，涉及土地、户籍、官

龙门石窟奉先寺造像
唐
龙门石窟

制、律令等许多方面，为此孝文帝迁都洛阳，山西云冈地区的造像热潮也就很快跟着皇帝涌到了新都。

任何一个地方想要开窟，先决条件就是找到适合的地理环境。龙门地处洛阳南郊，夹岸山石，一水中分，实在是天造地设的开窟宝地。

作为新都的洛阳，很快就聚集了来自全国的一大批能工巧匠，石窟就这样在叮叮当当的敲击声中开凿了，从此绵延数百年，一直到唐代。

龙门石窟在北魏时期主要开凿了古阳洞、宾阳洞和莲花洞等，虽然它们都是北魏佛教艺术最杰出的代表，但毕竟没有巨型大佛，风头也就盖不过云冈石窟。

北方地区经过北魏百余年短暂的统一后，很快又分裂了，政权交替，都城迁移，龙门造像的热情也开始减退。

好不容易盼来了唐代，洛阳被定为东都，这座都城的光芒便又重新绽放。

唐代的统治者笃信佛教，所以唐代刚刚建立，龙门在百年间丧失的人气就重新聚集起来。随着唐代统治者政权的稳固，龙门开窟的热潮更是有增无减。

尤其在武则天当上皇后之后，它的巅峰时刻终于到来了。现在，龙门石窟的标志——奉先寺的大卢舍那像龛，正是在武后的大力赞助之下得以完成的。

据说，根据像龛题记，这龛佛像由武后"助脂粉钱二万贯"，所以也有人说主尊卢舍那佛的容貌，依稀可以看到武后的影子。

或许吧。

卢舍那佛和二弟子

大佛静定雍和、庄严端丽，修眉轻挑、双目含光，嘴角还带着一抹微微上扬的弧度。大佛望向世人，于是春风拂过，梵音响起，世界也沉静下来。

卢舍那佛，意思是"净满"，即为除尽诸恶、悉备众德，这是何等美好的含义啊。这也恰似大唐此时的风貌。

大佛身边一左一右是两尊罗汉，年长的名为迦叶，是佛最年长的弟子，也是最早跟随佛的弟子。在一次传道中，佛陀拈花示诸众，唯有迦叶领悟其意，于是微微一笑，这便是佛教当中以心传心"拈花微笑"的故事。

年幼的罗汉名为阿难，他是佛的弟子当中年纪最小的，以"多闻"第一，也就是知识最渊博的弟子。阿难的雕像看上去年幼天真，还有几分稚态。因为工匠在设计他的形象时，有意调整了头身比，让头的比例更大一些，形象上自然显得更加"幼稚"了。

罗汉两侧是两位胁侍菩萨像，菩萨的造型在我们的佛教造像当中向来是最华美的。他们华冠薄纱、宝珠璎珞，虽然不像许多同时代的菩萨那样柔曼婀娜，却仍然妙相端凝、面含慈悲。

再往外侧就是护法的天王和力士。

护法天王就是我们熟悉的"四大天王"。这里只有两尊天王像,一尊是一手叉腰一手托塔的形象,这个明显的标志告诉我们他就是那位"托塔天王"了,梵语名叫毗沙门天王,也就是多闻天王,他是镇守北方的护法神。毗沙门天王的形象是身披宝甲的青年男子,姿态刚劲神武,脚下还踏着地神。

天王和力士

另外一尊天王的姿势与毗沙门天王呈对称状，但由于损毁极为严重，只剩下胸部，其他部分已经尽失，我们也就很难判断他的身份了，真是让人痛惜。

天王的外侧是左右相对的两尊力士。力士上身赤裸，腰间束着短裙，身上缠着飘带和璎珞，肌肉偾张，勇猛异常。

在这一龛所有的雕塑当中，力士的表情最为夸张，他们双目圆瞪，眉头紧锁，这正是所谓"金刚怒目"的样子。

奉先寺这种以主尊佛像为中心，罗汉、菩萨、天王、力士左右对称排开的样式，是佛教造像当中的一种规范"格式"，只不过龙门石窟将其做到了极致，无论是规模的宏大还是样式的丰富，都难有能出其右者。

当然，由于奉先寺这一龛佛像太精彩，所以大家的目光完全聚集其上，还有其他许多大大小小的精彩作品也就常常被忽视了。

龙门石窟开凿的时间很长，历代都有精华。

古阳洞、宾阳中洞、莲花洞是北魏时期的代表，敬善寺、万佛洞、惠简洞等则是唐代的遗珍。

不过，现在这些洞窟破坏极为严重，有许多洞窟我们只能凭残迹追想当年的华彩。

因为从晚清开始，龙门石窟佛像就遭到了外国盗宝者的觊觎，他们勾结国内的文物贩子乃至腐败官员，将这些艺术精品搬到了国外。

龙门石窟被疯狂盗凿，对文物的破坏也极大。有些佛像的头被野蛮地敲下来，身首异处，有些小型的佛

建于北魏时期的莲花洞，因其窟顶的巨大莲花而得名。

除了极少数几尊大佛以外,龙门石窟的造像几乎全部被毁坏,尤其是头部被破坏得最严重。这一尊尺寸不大的菩萨身姿妩媚,堪称龙门最美的造型之一。

像则被直接凿切下来整个搬走。

现在,在日本、欧洲、美国的许多博物馆里,都可以看到来自龙门、来自中国的佛像精品。

这些野蛮的盗宝者遇到大型的浮雕,为了方便运输,还把它们切割成数块,比如北魏《帝后礼佛图》,便是被分块运到美国,后又被重新拼接,分成了两部分——北魏《孝文帝礼佛图》现存于美国纽约大都会艺术博物馆,而《文昭皇后礼佛图》现存于美国堪萨斯城的纳尔逊艺术博物馆。这些流失的文物在国外博物馆里,都是吸引观众的珍宝。

从海外回归的龙门石窟佛像。

由于龙门石窟的造像艺术水准极高,在国外很受重视,甚至在当时还催生出一桩"生意"——有造假者专门仿制龙门佛像卖给美国人,就连大都会艺术博物馆、波士顿美术馆这样的专业机构,都曾看走眼过,买到过假货。

现在,龙门有许多

现藏于美国纽约大都会艺术博物馆的《孝文帝礼佛图》,它来自龙门石窟的宾阳中洞。

洞窟内空空如也，而原本安然在此的佛陀菩萨们，如今却远在异国他乡，有些甚至身首异处。

龙门之殇！

不过，随着我国国力日渐强盛，对文物保护和文物追讨的重视程度不断加强，龙门石窟中被盗的雕塑开始被渐渐寻找到，又被逐渐迎回祖国。只可惜龙门遭到破坏和流失的雕塑太多太多，回归之路也格外艰辛。

龙门留给世人的，还不只佛陀和菩萨的庄严宝相，在艺术史上，龙门还留下了极为重要的书法艺术品——龙门二十品。

这是北魏时期龙门石窟佛像的造像记，记录了捐资造像信徒们的姓名和他们的愿望，相当于许愿碑。当时留下的铭文有一千多处，其中镌刻的字体最深厚雄劲的二十处就被称为"龙门二十品"，这二十品中有十九品都出自古阳洞。

这些字有一股硬生生的拙劲，浑厚方正，自有一派铿锵凌厉的气势，这也就是所谓的"金石味"了。

我们现在的电脑字体中有一种常用的"魏碑"，它们的源头正是这些造像铭文。

长沙窑执壶

唐

浪漫的窑口,有趣的灵魂

在中国辉煌漫长的瓷器史上出现过无数著名的窑口，比如自唐代开始就有南方的越窑、北方的邢窑；到了宋代更是遍地开花，汝、官、哥、钧、定五大名窑在当时就受世人追捧，南方的龙泉窑、建窑神姿飞扬，北方的耀州窑、磁州窑也都各具风采，至于景德镇窑就更不必说了，自宋代开始，熊熊窑火一直持续到今天，成为当之无愧的"瓷都"。每一个窑口都有自己的"绝活儿"，都有自己的传奇，甚至也有过"登堂入室"的荣耀时刻，成为皇帝嘉赏的珍品。但说到长沙窑，知道的人就很少了。

长沙窑一向是很低调的，它大概想高调也难。从外形上看，我们的瓷器不管是青瓷、白瓷还是后来的彩瓷，向来都是莹润光洁的。而长沙窑往它们当中一站，一股乡野的"土"气扑鼻而来，大概它自己都有点自惭形秽。

1998年，印度尼西亚海域打捞出了一艘唐代的阿拉伯沉船"黑石号"，其中有67000多件从中国运往西亚、北非等阿拉伯国家的陶瓷，而长沙窑就是其中重要的一部分。可见，早在唐代，长沙窑就是出口大户了。

和长沙窑瓷器一起乘着"黑石号"的还有大量越窑、邢窑的瓷器，这两个可是唐代的明星窑口，算是"大品牌"，能和它们混迹在一起，长沙窑的地位一下子就高了起来。

当然，抬身价不能靠朋友。长沙窑的这些瓷器本身也很让人震惊，因为人们从中发现了许多前所未见的技术和异想天开的设计。

说起来，还得佩服当年长沙窑工的创意。

在唐代，浙江绍兴、宁波一带的越窑以青瓷名世，而河北邢台一带的邢窑则把持着白瓷的江湖，长沙窑在青白两道都远不如人，想要从中杀出一条血路，必得另辟蹊径。也不知是哪个长沙窑工灵光一闪，电光石火之间想到了彩瓷。

说是"彩"，其实却一点都不五彩绚烂，大多是褐、绿两色，极其质朴，甚至还有点粗糙，不过毕竟是"一招鲜"，长沙窑就这样找到了一条夹缝里的生存之道。

有了彩色，瓷器的纹饰一下子丰富起来。随手几

青釉彩陶纹穿带壶
唐
湖南省博物馆

笔,就是一团花草,再多几笔,便勾勒出飞禽走兽。窑工们一定特别感谢这个彩瓷的发明者,让他们的工作不再那么无聊了。现在,只要一拿起笔,他们便有了造物者的"霸气",想画几笔就画几笔,想怎么画就怎么画,无拘无束、自由自在,所以连画面也是这样的欢脱,无论是绚烂的凤鸟还是灵动的小鹿,都显得神采飞扬,连气质庄严、重檐高耸的宝塔也显出灵透活泼的气息。

除了工匠们创造的图案纹样,有些产品是专门为出口定制的,那就得按买方市场的喜好来了。所以,"黑石号"的瓷器上,还看见了"真主安拉"的字样。这大概就算是当年的高级定制了。

毕竟,两三种颜色还是太少了,所以窑工又经过反复试验,烧成了铜红釉,这种色彩在当时妥妥地属于高科技。因为铜红釉对温度极为敏感,温度低了颜色发黑,温度高了颜色直接就烧没了。所以控制铜的含量、釉的厚度、烧成温度,是一个技术活。后来我们能够在瓷器上看到各色的红,长沙窑算是开了一个好头。

我们的汉语言文字从音、意、形上都蕴含着一种美感,通过文字我们甚至可以感受到文字所指之物的形态。让我们来欣赏一下这些描述深浅不一的红釉美好的名字:霁红、醉红、鸡红、朱红、大红、鲜红、粉红、柿红、枣红、橘红、矾红、宝石红、胭脂红、珊瑚红、美人面、桃花片、桃花浪、海棠红、娃娃脸、杨妃色、豇豆红……

长沙窑的窑工们创意特别多,一旦开了头就停不下来,所以新样式、新方法层出不穷。不久,他们又采用了模印贴花的技术。

模印贴花就是用模子印出各种花样,再用泥浆粘贴在器物胎面上,然后施釉入窑烧制。

贴花的花样主要是植物和人物。有意思的是,这些贴花人物形象当中,我们常可以看到中西亚容貌装束的外国人,这也是长沙窑外销出口的重要证据。

还有一点更让人佩服,长沙窑是第一个堂而皇之在瓷器上做广告的窑口,而且广告之大之直白,让人震惊。

"黑石号"上的那个"湖南道草市石渚盂子有明樊家记"大广告真抢眼,铺满整个碗底;还有"郑家小

青釉褐绿彩奔鹿纹执壶
唐
湖南省博物馆

青釉褐红彩云纹执壶
唐
湖南省博物馆

口，天下第一""言满天下无口过"，丝毫不低调。当年长沙窑口众多，为了让自己的产品获得市场知名度，他们真是想尽了办法。

还有服务特别周到贴心的窑口，特意在瓷器上写下三个字"茶盏子"，生怕外国人不知它的用法。哈哈，问题是当时的外国人认得汉字吗？那窑工们倒是没想过。

讲了关于长沙窑的这么多故事，做了这么多铺垫，但我们如果一定要用宋瓷和后来青花、粉彩这样的标准去看长沙窑，还是会相当失望。

因为单从"颜值"上讲，长沙窑的瓷器确实显得有点"粗服乱头"，难掩一股浓浓的泥土气息，不过，在泥土后面其实藏着你意想不到的浪漫，一种活泼又新鲜的浪漫。

这份浪漫也是长沙窑最特别、最新奇的装饰——诗文。

这种诗文只写在一种特定的执壶上，都是五言诗，用褐彩大剌剌地刷上几笔，不管文辞雅不雅，也不管字写得对不对。

大俗大雅，它们竟然意外精彩。

现在早不知道这些诗歌的创作者是谁，当时或许也没人知道，不过是民间传唱的歌谣，窑工们或许在劳作时闷了便会哼上两句，哼得太投入，于是不由自主地写在了壶上。

等他发现的时候，已经来不及改，那么，索性就留下吧。烧成后竟然别开生面，于是以文字为装饰就成了新的样式被保留下来，它们从此让整个长沙窑在我们漫长的陶瓷烧造史上变得独一无二。

窑工们认识字的也不多，更无从体味文人雅意，他们唱来唱去，就那么几首不知何时便流行起来的俗句。

也罢，本来它们就是为民间百姓烧的物件，这样的烟火气倒是恰到好处。比起文人寻章摘句的讲究，我倒是更喜欢这些脱口而出的大白话。

最清丽活泼的要算是这一首吧：

春水春池满，春时春草生。春人饮春酒，春鸟弄春声。

一首诗里这么多"春"字，读来倒丝毫不觉得烦

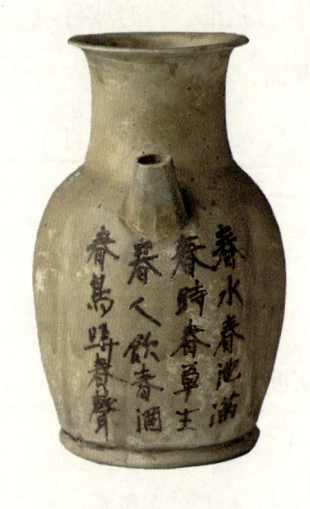

青釉褐彩"春水春池满"诗文壶
唐
湖南省博物馆

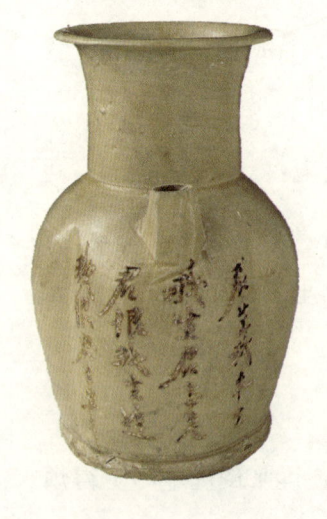

青釉褐彩"君生我未生"诗文壶
唐
湖南省博物馆

琐，只觉得春意盎然，春风扑面。比起历代文人描绘春天的诗来，可是一点也不逊色啊！

另一首也很知名，只是读来让人断肠：

君生我未生，我生君已老。君恨我生迟，我恨君生早。

诗中也有豪情：

男儿大丈夫，何用本乡居。明月家家有，黄金何处无。

诗中也有相思：

一别行万里，来时未有期。月中三十日，无夜不相思。

长沙窑的诗文都是这样，言浅意深：

一日三场战，离家数十年。将军马上坐，将士雪中眠。

　　自入新丰市，唯闻旧酒香。抱琴酤一醉，尽日卧弯汤。

　　自从君别后，常守旧时心。洛阳来路远，还用几黄金。

　　日日思前路，朝朝别主人。行行山水上，处处鸟啼新。

　　我有方寸心，无人堪共说。遣风吹却云，言向天边月。

　　夜夜挂长钩，朝朝望楚楼。可怜孤月夜，沧照客心愁。

因为有了这些句子，粗粗笨笨的执壶立刻显得灵动起来。我想，此刻你大概不会再关注它们的"颜值"，而是想贴近它们的灵魂了。

你看，长沙窑早在一千多年前就身体力行地告诉我们一个深刻的道理：美丽的皮囊千篇一律，有趣的灵魂万里挑一。

元 朝元图

本土神仙的一次大聚会

我们现在去参观寺庙道观的时候，总是会为古代遗留下来的精彩壁画所倾倒，而把它们当作艺术欣赏的主要对象，这其实是个误会。

这些壁画在当年并不单单是为了好看才绘制的，更重要的是为了尽可能地把神佛的形象塑造得庄严华妙，把神佛的故事讲述得打动人心，从而更好地营造氛围，点化信众，传扬大道。

只因为有了顶级画工的参与，这些作品才具备了极高的欣赏价值。

不过，纵然壁画再精彩，当年它们在寺庙道观里也仍然是陪衬，而主角，其实是当年的大殿上供奉的神佛造像。时过境迁，那些供信徒跪拜祈祷的神像很多早已被毁，而壁画因为难以搬动而幸运地留存了下来。

说到壁画，我们的第一反应可能是敦煌莫高窟的壁画。若论名气之大，莫高窟是当仁不让的第一；但要论艺术水准之高，有一处壁画大概能够和莫高窟较量较量，这就是山西的永乐宫。

永乐宫里有我国目前保留下来水准最高的道教壁

画，画面上的形象不是来自西方的佛陀和菩萨，而是我们中国土生土长的各路神仙。

这就是永乐宫三清殿的元代壁画《朝元图》。

三清，即玉清元始天尊、上清灵宝天尊和太清道德天尊，也就是我们俗称的太上老君。在道教里，"三清，譬如北辰，居其所而众星拱之"，是地位最高的神仙，所以道观里都要供奉这三位。《西游记》的"除三害"里，就有孙悟空他们三兄弟在三清殿变成三清捉弄虎、鹿、羊三怪的场景。

当然，也只有这三位至尊，才能让这些平日里各管一方的神仙如此济济一堂列队来朝，实现了规模空前的神仙聚会。

三清在道教体系中因为地位最高，所以他们并不是被画在墙上的，而是雕制成塑像被供奉在大殿的正中央。但后来塑像毁坏不存，如今我们只能看到两侧墙壁上的286位神仙，他们仍然在向前缓缓行进，却不知所为何事了。

这么多角色要在墙上安排停当可不是件容易的事。不过神仙间也有森严的等级，所以画面上以八位地位

《朝元图》
元
山西芮城永乐宫

上图里的是紫微大帝，下边这位是勾陈大帝，他们在三清殿北壁分列东西两侧。

高的神仙为核心，形成了八个相对独立的"小团队"。

地位高的神仙形象要高大得多，将近四米，还有巨大的头光映衬；地位稍低的则拱卫围绕在四周，他们的形象也相对要小很多。

主神像帝王一样尊贵威严，服饰也是古代帝王最高等级的冠冕、衮服，还配有华盖；其他群仙则是王公大臣的装扮，有些女仙手捧器皿，像是侍女，有的男仙则手握笏板，像是上朝的大臣。

诸位神仙服饰华美，环佩叮当，虽然人物众多却个个气定神闲，到底是神仙啊！有些还在左顾右盼甚至交头接耳，也不知他们在谈论些什么话题。

看到这里，你有没有感到疑惑：这壁画上的不都是道教中的神仙吗，为什么还像在人间一样遵从君臣父子、尊卑有序的规矩，还少不了论资排辈？

从画面上来看，还能找到更多不属于道教的元素，比如许多神仙头后的圆光其实是借用了佛教壁画通行的做法；还有主神面前的七宝香炉、侍女手中的莲花等等，也都是佛教常见的元素。

看上去，道家倒真是相当的开放包容啊！

这样的文化杂烩在当时并不稀奇。早在北宋时期，便已有了儒释道三家合流的趋势，尤其在民间，无论是仙是佛，只要能保佑自己平安富足就行，老百姓也就根本不想分得那么清楚。《朝元图》作于元代，合流已是大势，又出自民间，道教神仙画中掺杂有儒家和佛教的内容，也并不违和，反倒是自然而然的事了。

让人犯难的倒是辨别画面上这将近三百位神仙都是何方神圣。

由于人物形象旁边没有榜题，所以我们现在想要一一分辨他们的身份可以说颇有难度，甚至壁上形象最高大、最突出的八位大神究竟是什么身份，学术界都还没有一个定论。

目前流传比较多的说法是东壁绘制的主神是皇天后土，也就是玉皇大帝和后土娘娘；相对的西壁上是木公与金母，他们看上去都是盛装的皇帝和皇后的形象。北边的墙上分别是紫微帝君和勾陈大帝，扇面墙上则是南极生长大帝（比南极仙翁的地位高多了）和太乙真人。

说实话，虽然这些都是我们土生土长的神仙，但好

女性主尊被认为是金母,但蓝袍的太乙最抢眼。

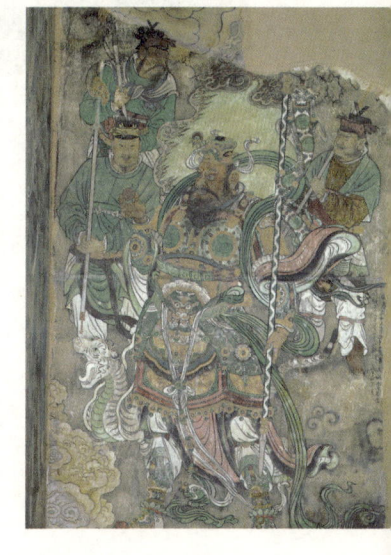

这是分居东西的青龙星君和白虎星君,因为带着"宠物",所以好辨认。

天蓬元帅,看他的獠牙,多像野猪啊!

这被认为是玉皇大帝。

多我都没听说过，除非他们在《西游记》和《封神榜》里出现过，才略知其名，至于都有什么神通，掌管什么祸福，我就更是一概不知了。

倒是那些地位更低一点的神仙比较接地气，比如青龙、白虎、十二属相神、二十八宿、四渎五岳神、福禄寿三星、风伯雨师、雷公电母、文昌帝君、阎罗王等等，至少我们清楚地知道他们的"职责"和"管辖范围"。

由于没有特别严格的规制，人们在塑造这些神仙形象的时候就有些模糊和随意，尤其是不同的历史时代，神仙们的形象和"职能"还会时常发生变化，也就让人更加难以明辨。

道教的神仙主要有三个来源：一是自然神祇，古人认为天地日月、风雨雷电等自然现象由神仙掌管，所以就有了许多自然神；二是祖先神，尤其是帝王的祖先和民族的创始人与保护者，这类神地位最尊贵，比如伏羲、三皇五帝以及妈祖等等；三是祖师信仰，其中就有许多出自民间人物了，比如鲁班、关公就可以归为这一类。

当然，要把这些神仙分清楚，已经属于学术研究的范畴了。古时的老百姓向神仙敬拜祝祷，是为了求得神仙显灵，为自己祛灾降福。所以不管这些神仙是谁，有愿望只管拜下去，至于最后由哪位出面满足愿望，就由神仙们自己去决定吧。

同样，我们现在面对永乐宫《朝元图》，大概也来不及去细究哪位神仙是什么身份，又是司掌何职，因为壁画上那些动不动就一两米长的圆劲线条，沥粉堆金的富丽效果，以及那天衣飞扬满壁风动的气氛，早已经让我们的眼睛看不过来了。

哦，说了半天，别忘了《朝元图》所在的永乐宫原本位于山西永济县永乐镇，这里本来是道教神仙吕洞宾的故里，所以永乐宫真正的"主人"其实是这位纯阳真人啊。

吕洞宾在历史上真有其人，大约生活在晚唐，关于他的身世说法很多，作为读书人的身份是可靠的。这位儒生早年读书科考，但运气不佳，大约是注定要做神仙，所以不可能在世俗的路上走得太远吧。天赋异禀的吕洞宾在中年时得到钟离权的考验和点化，最终得成正果，位列仙班。有趣的是，吕洞宾不像那些板起脸来远离尘世的神仙，而是放浪形骸，甚至还因为不拘小节被称为"酒色财气吕洞宾"。由于接地气，民间更有"狗咬吕洞宾，不识好人心"的俗语。传说吕洞宾中年遇到火龙真人传剑术，所以他总是剑不离身，这也符合古代读书人"书剑飘零"的形象设定，民间也就把吕洞宾尊为"剑仙"。

这样一位与众不同的神仙，在民间很快便拥有了众多粉丝。当年运城一带的百姓极为信奉吕祖，元代的朝廷甚至顺应民间信仰，在这里敕令建造了专门供奉他的"永乐宫"。

现在的纯阳殿里就供奉着吕洞宾，殿内的壁画也全是关于吕洞宾神游显化的故事，比如降生、赶考、得道等等，如果你细心看，还能找到"狗咬吕洞宾"的情节呢。

纯阳殿正壁背面有一幅巨大的壁画，正是钟离权点化吕洞宾的场景。

钟吕二人坐在松间石上，四周仙气缭绕。钟离权身穿蓝袍，袒胸露腹，是个世外高人的形象。他跷着一条腿侧坐着望向吕洞宾,等待他最后的开悟。吕洞宾则是一身白衣的书生打扮。他的双手揖在胸前,显得比较恭敬。

后来,吕洞宾悟道成仙,普度众生,得到民间的广泛信奉。

或许这些还不足以激起你对永乐宫的好奇心和亲切感。

再告诉你一件事。

钟离权点化吕洞宾

吕洞宾又被奉为全真之祖,所以永乐宫也是道教的一派——全真教的三大祖庭之一,所以这里留下了许多全真教的痕迹。重阳殿的壁画是有关全真教的创教真人王重阳的,殿内还张挂有王重阳的弟子全真七子的画像。一层层看到这里,你会突然发现传说中的武林、故事中的江湖似乎真的存在,它们的线索原来一直藏在这里。

永乐宫原本紧临河川,黄河之水从门前流过,只需要脑补一下武林高手们在天高云淡的日子登临远眺的场景,便已觉得壮怀激烈、快慰生平。"沧海一声笑,滔滔两岸潮",还有什么比这更浪漫的事呢?

明

状元卷

古代高考什么样？

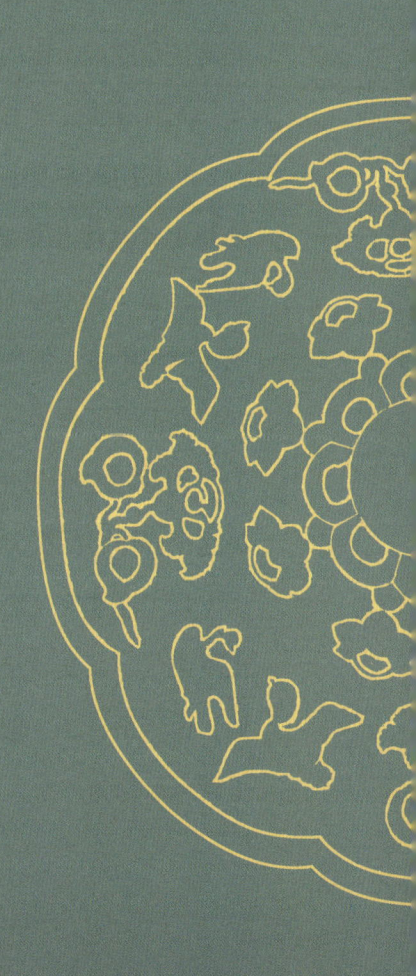

如果你是位为考试而烦恼忧心的朋友,那么请先来看一份目前中国大陆唯一的殿试状元真迹,送你一点文曲星的喜气。

这是明代万历二十六年(1598年)状元赵秉忠的试卷。

明代的殿试一般是在紫禁城的保和殿举行,能够走到这一步应试,比现在的高考可要难得多了。

先看看明代读书人要怎样才能获得殿试的机会吧:

和我们现在上小学差不多年纪,就要发蒙了,读个几年书,具体几年要因人而异,主要还是看看天资和年岁,童生就要参加县府的考试,由省提督学政主持,及格者称生员,俗称秀才。

真正成了秀才,才算是踏上了应举的漫漫长路。我们民间故事、传说中,大多数男主人公就是秀才,可见这个群体多么庞大了。

秀才再进阶,就要参加三年一次的乡试。乡试听着土里土气,其实就已经是省一级的考试了。逢子、午、卯、酉年举行,一般在秋天,称为"秋闱"。乡试中试了就可以称为"举人"。

赵秉忠状元卷
明
青州博物馆

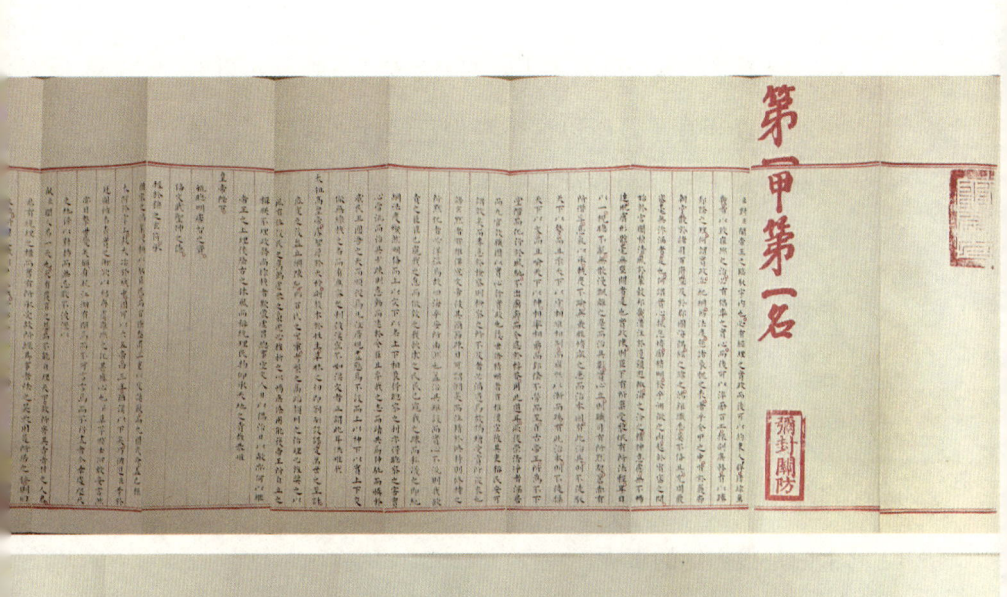

中了举就算是进入了正式的公务员系统啦，再进一步就可以当官了，所以这个身份已经让人疯狂了。最著名的举人是《儒林外史》中的那个老秀才范进，几十年屡考不中，最后中举胡子都白了，幸福来得太突然，他一下子竟然乐疯了，可见举人已经很有分量了。

乡试的第一名就称"解元"，最著名的就是唐伯虎，当年中的就是解元。能有这个身份，在当时读书人一生中是很提气的事呢。

进阶的路还没有完，考试不能停。

中了举，再参加中央组织的高级选拔考试会试，每逢辰、戌、丑、未年举行，一般在春天，所以又称"春闱"。这次考试由阁部大臣主持，权力之大可想而知了。

其实考到这一步，就已经比高考不知要残酷多少倍了。超出了"985工程"大学的难度，直逼北大、清华了。

在春闱中胜出的人就稳稳地可以做官了，不管官职大小，前途总算是有得奔了。通过春闱，才有资格参加考试中的终极考试——殿试。各位考生到这里可以尽情发挥，不过结果也要看运气。殿试由皇帝亲自阅卷，从殿试的试卷中点出前三甲。

三甲是这样的：

一甲三名赐进士及第，通称状元、榜眼、探花。

二甲赐进士出身。

三甲赐同进士出身。

三甲人数加起来，多则二三百人，少则一百多人。全国读书人到最后就选拔出这么几个，这已经不是什么走独木桥了，完全是在走钢丝。

说了这么多，再说这个状元，确实是妥妥的文曲星下凡了。不仅有实力，关键还要有超人的运气才行。

当时考试倒不像我们现在这么多科目，主要是明经和策论，殿试这种高级别的考试也就是写一篇策论了。考生有没有安邦大略，是不是国之栋梁，一篇文章定胜负，哈哈，说实话，这也很考验皇帝的眼力啊！

介绍完了明代科举制度，现在让我们看看这份状元卷，看看当年的状元赵秉忠水平如何吧。

先看状元卷，气势就不凡。卷首顶天朱书"第一甲第一名"六字，历史上就没有多少人领受过这六个大字啊！

这是当时的皇帝朱翊钧御书的，下钤"弥封关防"长印，这也是高考的保密制度。

考卷正文都是1厘米见方的工整小楷，一共2460字，比高考一篇800字的议论文长得多，内容也要扎实得多了。

这可不是假大空的鸡汤，而是关于改善吏治、兴邦治国的对策。既要有政治主张，还要有实施方略，还得记住千万不能犯了皇帝的忌，不容易啊！

卷末还附有作者祖上三代简历，起码得三代良民，不能有犯罪记录嘛。

最后还列有读卷官和印卷官的职衔与姓名，这一份状元卷上是少保兼太子太保、吏部尚书、武英殿大学士张位等九位，看看这一口气读不下来的头衔！

这位状元赵秉忠一生做官也很有成绩，先是进了翰林院被皇帝授予修撰一职，后来历任侍读学士、礼部侍郎，最后官至礼部尚书。当然，官职不能说明什么，只有为国为民实实在在做贡献，才是一个人彪炳史册、

状元卷 | 227

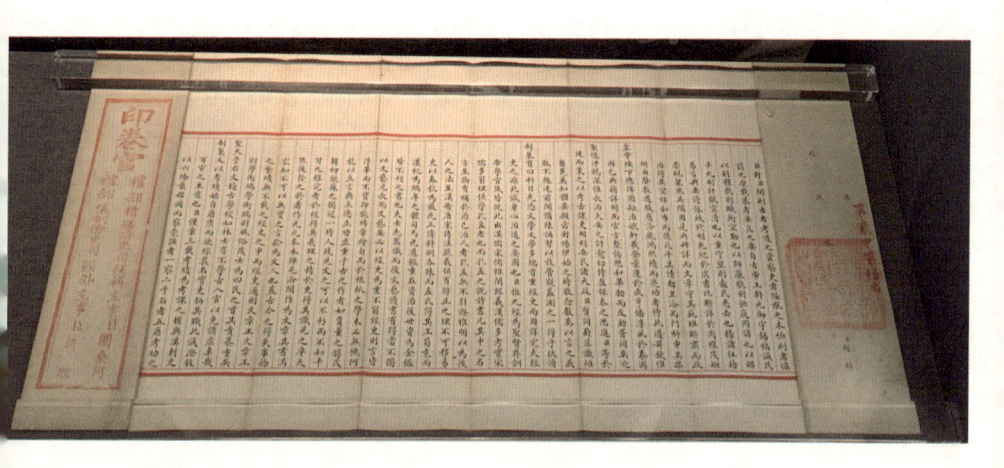

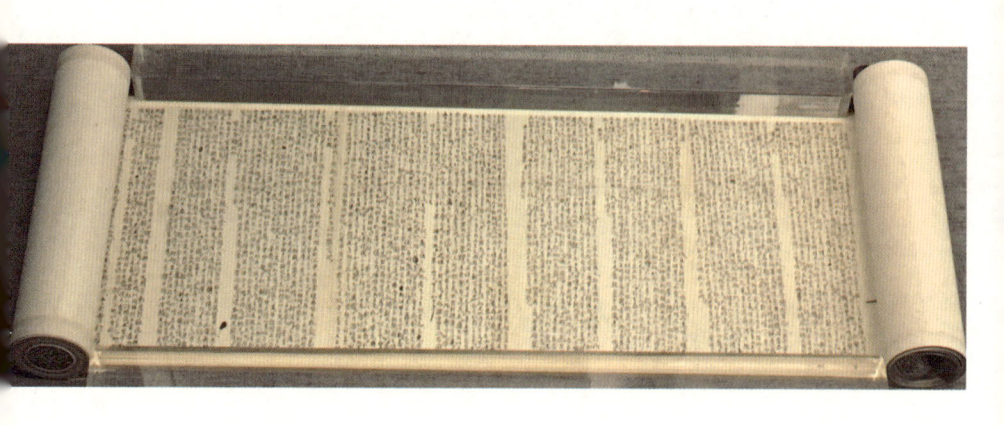

上面是清代赵楫的殿试卷,最后他荣登二甲第十名,下面则是某位不知名的考生作弊的夹带。学霸和学渣的对比何等鲜明,它们现在被并排陈列在首都博物馆。

被万世铭记和景仰的根本。

当然，为了金榜题名，古代的不少读书人耗费了一生的气力。现实中像《儒林外史》中的范进那样考了几十年直到须发皆白仍在科举的路上苦苦追逐的大有人在。

为了应对考试，有些人还动起了歪脑筋，想方设法作弊，所以现在我们还可以见到当时的小抄。

无论古今中外，想要考出好成绩都不是件容易的事。

所以，同学们，努力吧！

衍圣公朝服

明

华夏衣冠的正统

我们现在会把服装称为"衣裳",大家也通常认为这是一个词,但在古代,这是实实在在的两个意思不同的词。"衣"是指上衣,"裳"则是指下衣,即裙一类的服装。

中华民族最古老的服饰传统规制,就是上衣下裳。

这种规制最早可以追溯到黄帝时期,《易经》中说"黄帝、尧、舜垂衣裳而天下治,盖取诸乾坤",可见衣裳一开始就取法天地,并且直接关系到国家的政治、文化和社会意识形态。中国历朝历代都专门制定了服装的规矩,主要是体现正统、等级的思想。

所以,在古代甚至直接用"衣冠"来代指政权,比如宋代靖康之变后朝廷偏安南方被称为"衣冠南渡"。

也正因为如此,历来改朝换代,前朝的衣冠也都要被悉数毁弃,以示新的统治者改弦更张,所以中国历代的冕服、朝服、公服等用于重大政治场合的服饰实物也就很难流传下来。

不过,凡事总有例外。

这个例外就是孔府的明代衍圣公的朝服。这套朝服得以完整地保留至今,只因为这是清代的皇帝赐予孔府的"特权"。

事情还要从"衍圣公"说起。

我们都知道,孔子的地位随着历史的发展越来越高,他成为万世不易的"圣人",所以他的子子孙孙也跟着沾了许多光。从宋代开始,他们甚至有了一个专门的官职,也就是"衍圣公"。

衍圣公制度是从宋代开始的,"衍圣公"是孔子嫡长子孙的世袭罔替的封号。在宋代,衍圣公还只相当于八品官,后来一路提升,元代成为三品,到了明代便是一品文官了,最后又"班列文官之首",也就是在所有的文官当中排第一号。连清代的统治者都对衍圣公追加特权,特许他们可以在紫禁城骑马、在御道上行走。而衍圣公府,也就是我们所说的孔府,也成为全国上下仅次于皇宫的最大府第,甚至被准许使用雕龙柱。

因为衍圣公作为华夏正统文化的标志,连带着衍圣公府也获得了一些特别的权利,比如可以保留上一个朝代的衣冠,以示华夏正统文化一脉不绝。

当然了,清代统治者之所以破例,对衍圣公府显

衍圣公朝服中的梁冠、夫子履

（俄国庆/FOTOE）

得这样宽容，无非是为了稳固从汉人手中夺来的江山，尽快获得汉文化的认可。更何况，当时孔府在清军入关的节骨眼儿上表现得相当配合，很快就向新皇帝投诚。大概正是出于这几方面的原因，皇帝便也格外"开恩"了。

抑或这也多少可以看成是衍圣公想要完整地保全华夏衣冠的策略吧。

根据《曲阜县志》记载：明代御赐了衍圣公朝服、蟒袍、袍料、冠、靴、玉带等物，而且还记载衍圣公府收藏着元明衣冠，可见对这个身份特殊的府邸，历

衍圣公朝服
明
山东省博物馆

代皇帝都会格外宽容。

现在，历代朝服中最著名的一套大概是明代的衍圣公赤罗朝服，赤是颜色，罗是材质。

朝服则是官员在比较隆重的大朝会或仪式中穿着的服饰。明代只有在大祀庆成、正旦、冬至、圣节及颁降开读诏赦、进表、传制时才允许穿朝服，并且因为朝服在服制中的级别高，使用频率也就很低。

一套完整的朝服包括梁冠、赤罗衣、赤罗裳、中单（穿在衣服里面的一层内衣）、蔽膝、革带、大带、佩绶、袜、履等，从里到外一点也不含糊。

我们现在总是很遗憾到了重大节庆的时候没有传统的民族服装可穿，其实参考一下明代的这套朝服倒是很不错，毕竟这是汉族朝服留下的实物证据，比起只凭图画还原的其他服装，还是要可靠得多。

不过，单凭这数量稀少的服饰实物，我们其实还是很难考证历代的服饰究竟是什么样子的。绘画和文字的描述十分有限，尤其是年代越早，相关资料就越稀罕，研究者们就需要加入大量的想象才能去复原历代服饰的样子。

要说起明代朝服、官服，大家更熟悉的可能还是一种补缀在官服上的绣片——补子，因为我们的一个成语"衣冠禽兽"正是由此而来的。

补子是明代开始成型的服制，在此之前，区分官员的等级主要通过他们官服的颜色和佩饰的数量。

补子主要出现在官服的前胸和后背上，文官用禽鸟，武官用猛兽，这正是所谓"衣冠禽兽"。这个词在

清代一品文官的补子
清华大学艺术博物馆

当年可是人人希求的，想不到现在却成了贬义词。

明代规定文官补服的等级标志分别为：一品仙鹤、二品锦鸡、三品孔雀、四品云雁、五品白鹇、六品鹭鸶、七品𪁉𪂂（xī chì）、八品黄鹂、九品鹌鹑，杂职为练鹊；武官等级为：一二品狮子、三四品虎豹、五品熊罴、六七品彪、八品犀牛、九品海马。

还有些特别的补子不在此列，比如负责监察的官员补子就是獬豸（xiè zhì）。这种传说中的神兽能明辨是非曲直、识别善恶忠奸，这正是监察官员们的职责。

如果皇帝有特别赏识的官员，就会赐绣有麒麟、斗牛等图案的补服。这里面，大家最熟悉的可能是明代锦衣卫的飞鱼服和绣春刀了。

如果是皇帝的服装，那还要复杂讲究得多。

历朝历代的皇帝最尊贵的服装称为冕服，是举行最重大的仪式时所穿的礼服，与之相配的是冕旒（liú），就是我们在古装剧当中看到皇帝戴着的那种垂着珠玉串的礼帽。

到了清代，汉族皇帝的冕服被废除了，不过，冕服上的一套内容却被比较完整地保留了下来，那就是

康熙皇帝的龙袍
清
北京故宫博物院

"十二章"。

所谓十二章，就是指古代汉族皇帝最高规格的衮服上所绣的十二种纹样，这是早在周代就形成的用来标明服装等级的标志，它们会被绣在帝王及高级官员的礼服上。

十二章分别为日、月、星辰、群山、龙、华虫、宗彝、藻、火、粉米、黼、黻。

所有这些纹章都有寓意，日、月、星辰，取其照临之意；山，稳重、镇定；龙不必说了，天子之象，通天、神异且能变幻；华虫，是五色雉鸡，取其文采焕然；宗彝，在南宋以后被表现为一对杯子上分别画着虎和猴，取供奉、孝养之意；藻为水草，象征洁净；火则意指光明；粉米，是碎米和米粒，寓意为有所养；黼，音同"斧"，图案是刃白身黑的斧头，代表决断；黻，音为"服"，"亚"字形，意指明辨善恶。

江山社稷、君王德行，全系于这一身衣裳当中了。

不过，毕竟这些纹样很小，在一身朝袍上很难看得清，最后也就被龙抢了风头，大家也就把皇帝的礼服俗称为"龙袍"了。